国家社科基金
重大项目成果

对外汉语教学语法丛书
◎**总主编** 齐沪扬

名 词

李劲荣 ◎主编 ｜ 李劲荣 ◎著

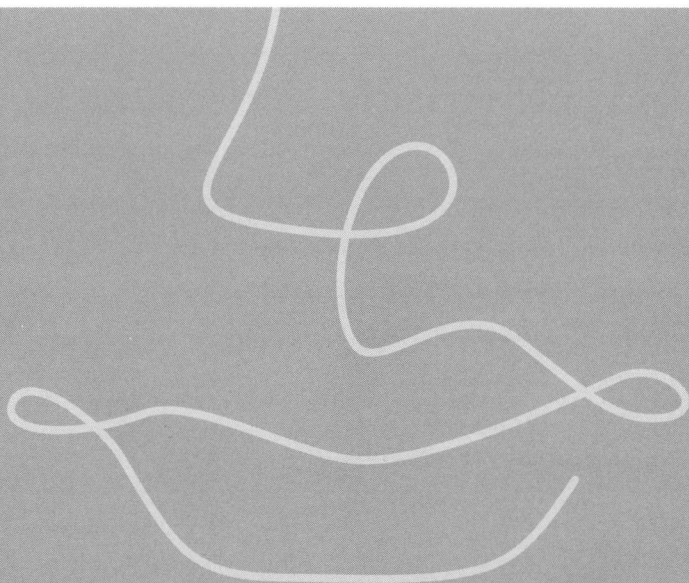

北京语言大学出版社
BEIJING LANGUAGE AND CULTURE
UNIVERSITY PRESS

© 2024 北京语言大学出版社，社图号 24139

图书在版编目（CIP）数据

名词 / 李劲荣主编；李劲荣著. -- 北京 ：北京语言大学出版社，2024. 6. --（对外汉语教学语法丛书 / 齐沪扬总主编）. -- ISBN 978-7-5619-6622-8

Ⅰ. H195.3

中国国家版本馆 CIP 数据核字第 20244V94R7 号

名词

MINGCI

排版制作：	北京光大印艺文化发展有限公司
责任印制：	周　燚

出版发行	北京语言大学出版社
社　　址：	北京市海淀区学院路 15 号，100083
网　　址：	www.blcup.com
电子信箱：	service@blcup.com
电　　话：	编 辑 部　8610-82303647/3592/3395
	国内发行　8610-82303650/3591/3648
	海外发行　8610-82303365/3080/3668
	北语书店　8610-82303653
	网购咨询　8610-82303908
印　　刷：	北京联兴盛业印刷股份有限公司

版　次： 2024 年 6 月第 1 版		**印　次：** 2024 年 6 月第 1 次印刷
开　本： 787 毫米 × 1092 毫米　1/16		**印　张：** 10.5
字　数： 180 千字		
定　价： 55.00 元		

PRINTED IN CHINA

凡有印装质量问题，本社负责调换。售后 QQ 号 1367565611，电话 010-82303590

总　序

　　摆在读者面前的，是国家社科基金重大项目"对外汉语教学语法大纲研制和教学参考语法书系（多卷本）"（17ZDA307）的所有成果。这些成果包括大纲系列4册、书系系列26册、综述系列8册，以及选取研究过程中发表的一部分优秀学术论文集辑而成的论文集1册，共计39本著作，约700万字。这个项目的研制，历时5年有余，参加的研究人员多达50余人，来自国内和海外近30所高校。

　　2017年11月，全国哲学社会科学工作办公室正式公布"2017年度国家社科基金重大项目立项名单"。2018年4月14日，国家社科基金重大项目"对外汉语教学语法大纲研制和教学参考语法书系（多卷本）"的开题报告会举行。2019年8月，2017年度国家社科基金重大项目中期检查评估报告提交，2023年1月召开课题结项鉴定会。

　　根据专家组的意见，特别是专家组组长赵金铭教授两次谈话的意见，按照全国哲学社会科学工作办公室立项通知书上的要求，本项研究牢固树立问题意识、创新意识和精品意识，立足学术前沿，体现有限目标，突出研究重点，注重研究方法，符合学术规范。项目的执行情况、所解决的问题和最终成果如下：

　　大纲、书系和综述是主要的研究成果。三类不同的成果面对的读者是不一样的：大纲是给教师教学与科研使用的，同时也顾及学习汉语、研究汉语的一些国际学生；书系主要是给在一线教学的对外汉语教师看的，以解决这些教师在教学过程中的实际问题为目的；综述是对大纲和书系的补充，主要面向对外汉语教师、汉语国际教育专业研究生和本科生，以及需要进一步了解、研究相关领域的群体，为这些人继续研究相关问题提供材料和方法。三种不同的读者群体决定了三类成果的不同写法。

1. 大纲研制

大纲研制的最终成果是两套大纲：分级大纲（初级大纲和中级大纲）和分类大纲（书面语大纲和口语大纲），共4册。语法大纲不局限于语法知识本身，而是以学习者语言能力的培养为目标。凡是能促进学习者语言能力的语法项目都应析出为大纲的项目。语法项目的编排依据的是语法形式，使用条件式来描述细目的功能。使用条件式有利于促进语法知识转化为语言能力。

分级大纲中语法项目的等级不宜简单理解为语言本身的难度区分，更应理解为习得过程性的内在要求。以促进学习者生成语言能力为目标，支持学习者语言能力生成的语法项目都应列目，项目编排以语法结构为基础，细目的描写以促进语言能力生成为重。大纲体现习得的过程性，总体上为螺旋形呈现。

目前对外汉语教学和科研依据的都是通用语体的语法大纲，至今尚没有分语体的大纲问世，这种状况显然与发展迅速的第二语言教学事业不相适应。书面语语法大纲和口语语法大纲的研制，填补了大纲研究的空白，在今后的教学指导、教材编撰、汉语水平测试等方面，都能发挥很大的作用。

2. 书系研发

我们在全国范围内分三批次遴选和推荐了撰稿人，这些撰稿人都有长期从事对外汉语教学的经历，且都是语法专业背景出身。从目前情况看，学术界和教学界都需要这一类书，这套书也具有填补空白的作用。而且，这套书是开放性的，条件成熟了可以再继续做下去，达到30本到50本的规模，甚至再多一些都是可能的。

书系的研发应以"语法项目"作为书名，不求体系完整，成熟一本撰写一本；专业性不能太强，要考虑到书系的读者需求，他们阅读这本书是为了解决教学上的问题，除了必要的理论阐述和说明之外，要尽量早一点儿切入教学中去；提出的问题要切合教学实际，60～80个问题，其实就是这本书的目录，有人来查，很快就能对症下药，找到自己想要的东西；提的问题要有针对性，要有实用性，针对学生的水平等级，围绕这个语法项目，把教学上可能遇到的问题按等级排序。总之，这是一套深入浅出的普及性小册子，一定会受到广大对外汉语教师的欢迎。

3. 综述编著

按照标书要求，阶段性成果包括两套综述汇编。编著这两套综述汇编，首先是项目研制的需要，是和大纲研制、书系研发互相支撑、互相配合的；其次是近20年的综述汇编，学术界和出版界均尚无相关成果问世，很多研究者迫切需要这方面的资料；最后是这套综述汇编的写法与其他综述成果不同，两套综述不仅仅是"资料汇编"，里面更有很多作者的评议和引导，是"编著"类的"综述"，这类"综述"其实是不多的。这样的写法比目前在做的或者已经出版的"综述"要科学得多，实用得多。

综述分为两套：《近20年对外汉语语法教学研究》和《近20年汉语作为第二语言语法习得研究》。综述的主要读者应该是研究者，是关心该领域的研究者，作者收集的材料要尽可能齐全，作者所做的分析要有依据，作者做出的解释要能让研究者信服。两套综述都能做到对相关问题做出梳理，述评结合，突出评价的学术性、原创性和实用性，力图使读者对相关论题有一个全面的认识和深刻的思考，并为进一步的研究提供方向。

对上述这些成果的介绍只能点到为止，事实上，具体到每一本著述，都是有必要重点介绍的。好在每套书都另有主编，请读者自行阅读每套书的主编写的"序"吧。我这里还想向读者介绍的是这些著述的作者们，没有他们，这些成果难以问世。

本项课题涉及面广，研究人员多，在最初填写招标书时我们已经意识到了："本项研究工程浩大，……大纲和书系非一校之力可完成，将集中全国不同高校共同承担。"本课题前后参加研究的人员有50多人，分布在国内及海外近30所高校。如何将这些研究人员组织起来，集思广益，凝神聚力？课题组在"集全国高校之力"上，下了大力气。

原先设想由某个高校具体负责某块项目研究，但该想法在实际操作中遇到了问题。开题报告会后，课题组调整后的组织方式体现出优势来。四个研发小组的组长取代了原来子课题负责人的职位和功能，优势体现在：他们面对的是具体的项目，而不是具体的研究人员；他们针对项目选取研究人员，而不是为已有的研究人员配备研究内容；他们可以从全国高校选择自己相中的研究人员，而无须采取先满足校内再满足校外的程序和方式。人尽其才，物尽其用，效率提高，质量保证，自然是意料之中的结果。例如，书系组的20多位作者来自15所高校，综述组的作者来自12所高校。这是第一个方面。

第二个方面，就是充分利用会议的机会，将会议定位于有目标的会议、有任务的会议，让会议开出成效来。自课题立项之后，围绕着课题的研究进展，课题组已经开过多次会议。一是一年一度的"教学语法学术讨论会"，课题组所有人员都参加，至今已经开过多届：淮北（2017）、扬州（2018）、南宁（2019）、黄山（2020）等等。二是一年多次的课题专项讨论会，有需要就开。如在杭州，就分别开过综述组、数据平台组、书系组的专项讨论会；在南京、上海都开过大纲组的专项讨论会；2020年7月，在腾讯会议上开过两次大纲组的专项讨论会；等等。这些会议目标明确，交流便捷，解决问题能力强，时间跨度短，是联络不同高校研究人员的好方式。

这套书的所有主编和作者都十分尽力。对外汉语教师的工作量很大，大多数人都有每周10节以上的课时量；况且，大多数人的手上还有自己的科研项目要做，还有自己指导的研究生论文要看，还有各自的研究论文要写。种种忙碌和辛苦之中，要挤出这么多时间和精力，去从事另外一块研究任务，还是高标准、有要求、无报酬的研究任务，如果没有对对外汉语教师这个职业的由衷热爱，没有为对外汉语教学事业做点儿贡献的精神支撑，他们是断然不可能接受这样的研究任务的。更何况有些作者接受了两项不同的研究任务，研究强度和研究压力可想而知。因此可以这么说，这些成果渗透着作者们的辛劳，饱含着作者们的心血，每一本都是"呕心之作"，这样的赞誉是得当的。

北京语言大学出版社是这个项目的合作者和推动者。项目立项不久，出版社和课题组就有过接触。出版社前后两任社长和总编辑都向课题组表过态，希望这个课题的所有成果能在北京语言大学出版社出版，出版社愿意为课题的宣传、推广、出版尽责任，做贡献。2020年1月，课题组和出版社有过进一步的密切联系，敲定了详细的合作计划。2022年3月，出版社申报的"对外汉语教学语法丛书"成功入选2022年度国家出版基金资助项目。这些成果的出版，没有出版社的支持是做不到的。

再次感谢在漫长的研究过程中给予我们支持、帮助的所有老师和朋友。

对于这套教学参考语法书系，这里想重点介绍下这套书系的编撰特点和编撰原则。编撰特点可以归纳为以下四点："设计理念要接受多元的语言学理论指导""编撰方针是两种语法分析方法的结合""结构框架要考虑本体研究和教学研究的需要""问题设计要以'碎片化'语法为主"。关于这四点的具体阐述就不再展开了，事实上读者通过这四点已经可以大致了解这套书系的编撰理念了。入选的26本专著选取了不同的语法项目作为书名，面对不同的主题，每本书都会在不同层面、不同角度、不同对象上反映出这套书系的整体面貌和阐述形式，以及结构框架和问题设计，值得一读。

这套教学参考语法书系两个必须遵守的编撰原则是普及性和实践性。普及性原则体现在要做到对读者进行语法知识的普及。语法知识普及要考虑两个方面的问题：一是理论知识的普及，二是语法术语的普及。书系的编写还要遵守实践性的原则，这个原则体现在三个方面：一是面向教学实践，二是面向教师群体，三是面向教学语法。这套书系不以学术高度与理论深度为目标，而以是否能够解决实际问题为标准。出版这样的系列丛书尚属首次，相信普及性原则和实践性原则会使这套书系更接地气，更受欢迎。

教学参考语法书系研发是和汉语教学语法大纲研制平行的、互相支撑的一项研究，书系是以大纲为参照编写的，作为本体研究和教学研究的重要工具书，是对大纲的深化和阐述。书系书目的确定、编写方式的确定，以及作者队伍的确定，都尽量做到和大纲的研制同质同步。当然，由于书系服务的目标人群和大纲不完全一样，作者会更多地关注语法教学的实效性，对一些具体问题的处理可能会有与大纲不同的地方，这一点也是需要说明的。

    谨以此作为总序。

齐沪扬

初稿于 2020 年 7 月

二稿于 2022 年 5 月

三稿于 2022 年 12 月

序

在汉语作为第二语言教学的进程中，词类教学的景况用"冰火两重天"来形容并不为过：虚词是"火"，实词是"冰"。也就是说，虚词一直是汉语语法教学的重点内容，实词（除量词外）向来只充当"配角"。形成这一局面自然与词类本身的特点有关。从汉语自身看，汉语的虚词虽然相对封闭，但种类多样，用法灵活，功能强大，个性特征十分鲜明，由此成为二语学习者不易掌握的习得难点；而实词尽管数量开放，但词类内部的共性特征相对较突出，二语学习者可以以"类"的方式习得。从语言之间的类型比较看，实词是语言共性的一个表现，虚词则体现的是语言之间的类型差异，因为不管哪种语言，一般都有实词（特别是名词和动词），但是，不是每种语言都有虚词（尤其是语气词和助词等），共性易习得，差异难习得。

尽管如此，汉语实词的类型特征仍不该被忽视。比如，数词有"二"和"两"之分，概数义的词语又有"多""把""来"和"左右""上下""前后"等不同表达；形容词分为性质形容词和状态形容词两大类，性质形容词又有单音节和双音节的区别，体现出了音节（形式）和意义之间的紧密关联；动词并不严格区分及物与不及物，动词的体范畴特征复杂以至于对"了""过""着"的选择存在较多制约；名词经常直接做定语，光杆名词因不同语境可以有多种指称功能；等等。教学实践表明，以上这些特征都是二语学习者的难点，也因此产生了"今天有两百把人参加了考试""你比她漂漂亮亮""他总是说话不算数，我讨厌了他""周末，我常常去看一部电影"等各种偏误。

本专辑正是基于此而编写的。其中，名词、数词、量词和形容词这四类词采取的是整体概览的做法，动词因为内部的复杂性而暂时只选择对心理动词加以细观，因此最终形成了《名词》《数词》《量词》《形容词》《心理动词》这五本专书。本专辑各书均以问题为导向，分别从理论知识、习得偏误和教学方法三个方面进行介绍，力求体现作为教学参考用书的三个基本原则：普及性、实用性、针对性。一是普及性。专书主要是为从事国际中文教育的一线教师编写的，不追求理论深度，而是着重为其普及各词类的相关语法知识，且这些知识在学界已达成基本共识。二是实用性。首先是常用，即涉及的知识点为各词类的基本语法项目，并且注重学生容易出现偏误的情况；其次是典型，即一些非典型的且尚未被认定为汉语语法基本规则的项目暂不考虑。三是针对性。针对不同水平、不同等级的二语学习者的习得情况，专书在内容上也尽量按照初、中、高三个等级顺序进行安排。

当然，本专辑各书也有自具特色之处。《名词》尝试将百科知识纳入到语言知识中来，运用百科知识解释与名词相关的语言现象；《数词》巧妙地将语言与文化相结合，尽显汉语数词丰富的文化蕴意；《量词》着眼于认知观念，力图揭示量词对名词的选择以及量词和名词之间搭配的认知理据；《形容词》注重"形式聚焦"教学，强调在交际活动中引起学习者对语言形式特征的注意；《心理动词》讲究词汇与语法并重，推崇"语法知识词汇化"的教学理念。这些特色体现了各专书作者针对不同词类特征所做出的努力探索。

既然是尝试，是探索，就不可避免地还存在这样或那样的问题，还留有这样或那样的不足，殷切盼望学界同人批评指正。同时，也真诚希望本专辑的出版，能够为一线尤其是本土中文教师教授汉语实词提供切实有益的帮助，能够让实词教学逐渐"火"起来。

李劲荣

2022 年 5 月

目　录

引言：名词需要教授哪些知识？ / 1

第一部分　名词的语言知识 / 13

1. 名词的基本语法特征是什么？ / 13

2. 名词包括哪些下位小类？ / 14

3. 名词还可以充当什么句法成分？ / 16

4. 名词都可以受数量词修饰吗？ / 19

5. 名词有单、复数之分吗？ / 22

6. 名词在音节上和构词上各有什么特征？ / 23

第二部分　名词的百科知识 / 26

7. 名词都有空间性特征吗？ / 26

8. 方位名词的语法特征是什么？ / 28

9. 处所名词的语法特征是什么？ / 29

10. 时间名词的语法特征是什么？ / 31

11. 时点词和时段词有什么不同？ / 32

12. "年、月、日 / 天"和"时、分、秒"有什么不同？　/ 34

13. 什么是二价名词？　/ 35

14. 什么是一价名词？　/ 36

15. 什么是事件名词？　/ 37

16. 事件名词的句法特征是什么？　/ 38

17. 如果着眼于时间性，名词可以分成哪些小类？　/ 39

18. 抽象名词的句法特征是什么？　/ 40

19. 抽象名词有哪些类别？　/ 42

20. "有桌子""有才华"中的"桌子"和"才华"分别有多少？　/ 43

第三部分　名词的情境知识 / 45

21. 名词性成分的指称特点是什么？　/ 45

22. 定指成分、不定指成分分别有什么样的词法和句法表现？　/ 47

23. 无指成分有什么样的句法表现？　/ 48

24. 类指成分的句法语义属性是什么？　/ 49

25. 光杆普通名词的指称性质如何确定？　/ 50

第四部分　语言知识习得 / 52

26. 为什么不能说"我愿望自己一年内通过 HSK5 级"？　/ 52

27. 为什么不能说"留学生非常兴趣对中国文化"？　/ 53

28. 为什么不能说"他虽然已经成家了，但还是孩子的脾气"？　/ 55

29. 为什么不能说"我决定去见老师明天"？　/ 57

30. 为什么不能说"春节下周六"？ / 58

31. 为什么不能说"他刚来的时候，意见很大"？ / 61

32. 为什么不能说"我的汉语水平达到了程度"？ / 62

33. 为什么不能说"王打算明天去北京"？ / 64

34. 为什么不能说"他们一个家有五口人"？ / 65

35. 为什么不能说"对中国人来说，春节是最重要的节"？ / 66

36. 为什么不能说"我们班里有十五学生"？ / 68

37. 为什么不能说"教室外面放着一张椅子"？ / 70

38. 为什么不能说"我的一个中国朋友是 180cm 身高"？ / 72

39. 为什么不能说"我们班有二十个学生们"？ / 73

40. 为什么不能说"这句话说得有很多道理"？ / 75

第五部分　百科知识习得 / 77

41. 为什么不能说"很多学生坐在教室"？ / 77

42. 为什么不能说"那是银行，邮局在它的后"？ / 78

43. 为什么不能说"他在北京大学里学习汉语"？ / 80

44. 为什么不能说"请把这本书放在抽屉上"？ / 81

45. 为什么不能说"工厂中有很多工人"？ / 83

46. 为什么不能说"就在刚刚，发生了一件令人意想不到的事情"？ / 84

47. 为什么不能说"现在是五点一刻钟"？ / 86

48. 为什么不能说"我来中国已经一个年了"？ / 87

49. 为什么不能说"教育小孩，我耐心"？ / 89

50. 为什么不能说"以上是我流行歌曲的看法"？ / 90

51. 为什么不能说"婚姻这个问题对每个人有每个人的看法"？ / 91

52. 为什么不能说"他支持小王的爸爸，但不支持小李的"？ / 93

53. 为什么可以说"小王很高大"但不能说"小王很大"？ / 94

54. 为什么可以说"一次早餐"而不能说"一次面包"？ / 96

55. 为什么"后"在"桌子后"和"早餐后"中的意思不同？ / 98

56. 为什么可以说"快车"而不可以说"快书"？ / 100

57. 为什么不能说"好时间"而可以说"好时光"？ / 101

58. 为什么不能说"开始了这本书"？ / 103

59. 为什么不能说"那个厂家里有很多工人"？ / 105

60. 为什么不能说"大家不要在公共场合随便扔垃圾"？ / 107

61. 为什么不能说"我们是朋友，我会保守你的奥秘的"？ / 108

62. 为什么不能说"我的家乡种植了很多药品"？ / 110

63. 为什么不能说"这段时间，他的情绪很好"？ / 111

64. 为什么不能说"他目前的生活状况不会让父母担心"？ / 113

65. 为什么不能说"由于身体理由，他提前退休了"？ / 114

第六部分　情境知识习得 / 117

66. 为什么不能说"我的前面坐着那个学生"？ / 117

67. 为什么不能说"我去书店把一本书买回来了"？ / 118

68. 为什么不能说"开始上课了，请同学们拿一本书出来"？ / 120

69. 为什么不能说"三个学生，就应该好好学习"？ / 121

70. 为什么不能说"他的那个老师当得好"？ / 123

71. 为什么不能说"周末，我常常去看一部电影"？ / 124

72. 为什么不能说"走客人了"？ / 126

第七部分　名词知识教学 / 128

73. 怎么教名词的句法成分功能？ / 128

74. 怎么教名词的词法构成功能？ / 132

75. 怎么教名词的数量表达功能？ / 134

76. 怎么教名词的空间表达功能？ / 136

77. 怎么教名词的事件表达功能？ / 138

78. 怎么教同义名词的搭配功能？ / 139

79. 怎么教名词的指称表达功能？ / 142

80. 怎么安排名词知识的教学顺序？ / 145

参考文献 / 147

参考文献 / 147

后记 / 150

后记 / 150

引　言

1. 名词需要教授哪些知识？

一　名词在第二语言教学中地位如何？

1.1 名词研究的现状

（一）论著中的名词研究

我们查阅了已有的关于汉语作为第二语言的语法习得的研究成果。在已出版的相关专著（未尽列举）中，李大忠《外国人学汉语语法偏误分析》（1996）是较早的一部专门介绍汉语语法偏误的专著，但在词汇方面仅涉及虚词；崔希亮等《汉语作为第二语言的习得与认知研究》（2008）、崔希亮等《欧美学生汉语学习和认知研究》（2010）、孙德金等《欧美学生汉语语法习得与认知专题研究》（2012）、王建勤《汉语作为第二语言的学习者习得过程研究》（2012）等著作中虽然不尽是虚词研究，但也没有涉及名词；只有周小兵等《外国人学汉语语法偏误研究》（2007），肖奚强等《汉语中介语语法问题研究》（2008），卢福波《汉语语法教学理论与方法》（2010），吴勇毅、吴中伟、李劲荣《实用汉语教学语法》（2016），施春宏等《汉语构式的二语习得研究》（2017）等著作中出现了关于名词的研究，但涉及的名词偏误情况仅限于复数"们"、方位词和近义名词比较（如"时候"与"时间"的混用）等。

以"名词"为篇名在中国知网中检索到的和偏误有关的论文只有四篇，分别是：刘春梅《留学生单双音同义名词偏误统计分析》（《语言教学与研究》2007年第3期）、张岚《母语为英语者对中文光杆名词的习得分析》（《世界汉语教学》

2012年第2期）、蔡淑美和施春宏《基于汉语中介语语料库的二价名词习得研究》（《语言文字应用》2014年第2期）、于洋《CSL学习者同素同义单双音名词混淆分布特征及其成因》（《语言教学与研究》2015年第6期）。这些成果对同义单双音名词混用、光杆名词指称和二价名词的偏误现象进行了较深入的分析。

（二）大纲中的名词语法点

刘英林主编的《汉语水平等级标准与语法等级大纲》（高等教育出版社，1996年）中列出的与名词有关的各等级语法项目如下：

甲级：一般名词（妈妈　教室　水平）

　　　方位名词（前　　上　　里）

　　　时间名词（年　　星期　今天）

　　　名词重叠（年年　人人）

乙级：当时　其中　前后　方面

丙级：人群　一带　上句

丁级：暗中　刹那　分寸　其间　人身　往常　长短

可以看出，语法等级大纲中并没有把名词作为学习者应该重点学习和掌握的语法项目。

1.2　名词习得的偏误

总体而言，目前汉语语法习得研究更多关注虚词、语序和句式等方面，而关于实词的习得研究并未得到足够重视，偏误分析的成果很少，其中又以名词最甚，且仅涉及如上所述的少数现象。

但实际情况是，根据我们多年来的对外汉语课堂教学实践以及对"北京语言大学HSK动态作文语料库"的检索，二语学习者在习得汉语名词知识时出现的偏误现象还是较为多见，甚至是屡见不鲜。例如：

*他考试的时候总是很紧张，所以心理的素质还是要提高。

*我想去见老师明天。

*王告诉我打算去北京。

*春节下周三。

*很多学生们都来了。

*他在北京大学里学习汉语。

*老师把字写在黑板。

*以上是我流行歌曲的看法。

*开始了这本书。

*前面坐着那个学生。

*三个学生，就应该好好学习。

*周末，我常常去看一部电影。

*那个厂家里有很多工人。

*公园是人们休闲娱乐的场合。

*妈妈露出了高兴的脸色。

*她学习成绩很好，所以老师对她有看法。

这既是留学生汉语名词知识掌握情况的一种表现，也从一个侧面反映了名词知识在第二语言教学中有待加强。

1.3　名词应有的地位

虚词和句式固然是第二语言教学的重点，但实词（比如名词）也不能忽视。原因有三：

一是名词习得中的偏误现象较繁杂。

二是名词是所有词类中数量最多的一类。

三是所有语言都有名词，不同语言的名词有其共性，但也存在差别，而寻求共性与差异正是语言类型学的研究目标。二语教学不能对此置之不顾。

因此，有必要重视名词在第二语言教学中的地位和作用，而重视的措施和手段就是，提出第二语言教学中名词应该教授哪些知识，同时搭建相关的知识框架。

二 语言知识应该是什么样的知识?

2.1 三个世界

沈家煊（2008）通过研究相关语言现象发现存在三个并行的世界：物理世界、心理世界和语言世界。语言世界不是直接对应于物理世界，而是有一个心理世界作为中介。文章以如下句式的选用做了说明：

a. Y 小 X n 岁。（李白 $_Y$ 小王维 $_X$ 一 $_n$ 岁。）

b. X 出生之后 n 年 Y 出生。（高适 $_X$ 出生之后十 $_n$ 年，杜甫 $_Y$ 出生。）

通过考察发现，这两种句式的选用跟前后两位诗人相差的年龄有关系：

相差 1—3 岁的，都用 a 式。

相差 10 岁以上的，都用 b 式。

介于其间的，a 式和 b 式混用。

沈文指出，这是语言组织的"距离象似"（distance iconicity）原则产生的结果，客观时间、心理达及和话题接续这三个层次上的距离大小是互相对应的：

距离象似

客观时间的距离	年龄差距小	年龄差距大
心理达及的距离	达及距离小	达及距离大
话题接续的距离	接续距离小	接续距离大

第一个层次"客观时间"属于物理世界，第二个层次"心理达及"属于心理世界，第三个层次"话题接续"属于语言世界。

2.2 三类知识

既然语言现象中存在三个并行的世界，那么，语言知识就并非仅限于语言本身，也就是说，语言知识除了是语言世界自身的反映外，还是客观物理世界和主观心理世界的反映。所以，广义上的语言知识应该包括语言知识、百科知识和情境知识这三个类别。

2.2.1 语言知识

语言知识是指由语言单位和语言规则构成的知识。在语言世界里，语言有其自身的结构规则，且语音、词汇、语法等各层面都是如此。

比如语法层面。语法包括词法和句法。词法是词的类别功能规则，句法是组词造句规则，不同的词根据相关的功能特征聚合成不同的类别，不同类别的词根据相关的语法规则组合成一定的句法结构，进而构成一个篇章结构。

聚合与组合：$NP_1 + V + C + NP_2$

孩子打破了杯子。

学生写完了作业。

妈妈洗好了衣服。

聚合与组合原理是结构主义语言学关于语言单位的构成规则。转换生成语法即形式语言学也有自身的一套规则，认为语言的表层形式是其深层结构按照一定的规则并经过一系列的句法操作而形成的，如"张三把橘子剥了皮"的生成结构如下（见图1）：

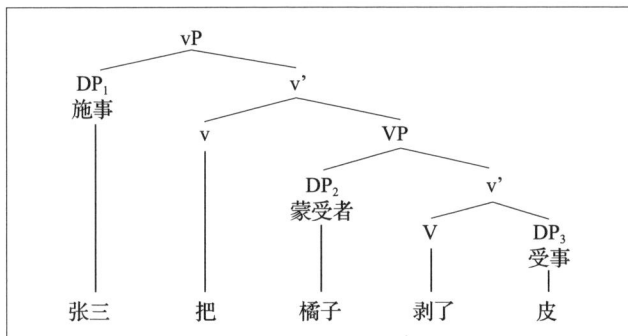

图1　"张三把橘子剥了皮"的生成结构

2.2.2　百科知识

百科知识是指包括经验常识、经验范畴、认知模型、科学观念等在内的相关知识。

先有物质世界，再有语言世界，语言世界是为反映物质世界的需要而产生的。所以，语言世界的知识中包含了物质世界的知识，而物质世界的知识是指事物构造的原理和事物存在的规律等知识，这些知识反映的是客观存在，不以个人的意志为转移，对全人类都是如此，且对全人类都是共通的。这样的知识就是百科知识。

那么，语言知识是否要关联百科知识？这是一个尚存争议的问题。结构主义语言学和转换生成语法追求严格的规则和原则，排斥语言之外的其他任何因素，它们认为，语言之外的知识无法形式化或规则化，所以不是语言学家的任务。不过，近来盛行的认知语言学和生成词库等理论都不同程度地启用了百科知识，因此得到的规则或原则较为松散，但是却为语言学界特别是汉语学界所热衷，内中的原因大概就是百科知识的启用。

陈保亚（2015）以"X鞋"为例讨论了平行周遍性条件。如果只启用词类知识的条件，下面的实例虽都平行但不周遍：

N+鞋：皮鞋　铜鞋　冰鞋　水鞋　＊气鞋

V+鞋：跳鞋　跑鞋　拖鞋　＊走鞋　＊登鞋

D（区别词）+鞋：金鞋　银鞋　男鞋　女鞋　童鞋　＊公鞋　＊母鞋

如果考虑百科知识中的条件，把X的平行特征限制为"质料"或"供用"，就几乎可以周遍所有的组合：

质料语素+鞋：布鞋　棉鞋　草鞋　皮鞋　铜鞋　银鞋

供用语素+鞋：跑鞋　拖鞋　登山鞋　运动鞋　男鞋　女鞋　老人鞋

因此，百科知识可以作为语言知识的一个部分，语言知识应与百科知识关联。

2.2.3　情境知识

结构主义语言学和转换生成语法秉持"科学主义"观念，认为语言的功能就是客观地表达命题，而不掺杂其他成分。不过，随着"人文主义"观念的复苏，功能语言学和认知语法等的兴起，人们对语言功能的看法有了改变，认为语言不仅仅是客观地表达命题，还要表达语言使用者的观点、情感和态度等，这就是语言的主观性表现（沈家煊，2001），即说话人在说出一段话的同时表明自己对这段话的立场、态度和情感，从而在话语中留下自我的印迹（转引自沈家煊，2001）。

语言的主观性特征其实正反映了语言作为交际工具的本质，人们在交际过程中除了要反映客观事实外，还要传递信息思想，表达主观认识，而信息思想的传递和情感认识的表达在具体的情境中才能得以体现。

比如主动宾句、"把"字句和"被"字句三者之间的差别就是如此。如下例：

（1）a.意大利队赢了德国队。

　　b.意大利队把德国队赢了。

　　c.德国队被意大利队赢了。

这三句话的命题意义都相同，但 a 例是客观表达，后两例则带有主观情感：b 例是将责任归于意大利队，c 例是同情德国队。这种形式不同功能不同的表现正是功能主义语言学的核心思想。如果只重视"把"字句和"被"字句的结构形式而不关注它们的情境意义，则既会忽略两种句式存在的价值，又会造成在教学中特别是第二语言教学中学习者不敢用或者一用就错的尴尬局面。因此，十分有必要将情境知识作为语言知识的一个有机部分。

2.2.4　小结

综上所述，广义的语言知识除了指通常所说的（狭义的）语言知识外，还应该包括百科知识和情境知识，因为它们分别反映了不同的世界及其原理，且各自有相关的语言学理论作为支撑（见表 1）。

表 1　广义的语言知识

世界样板	相关原理	知识类型	理论基础
语言世界	组词成句的规律	语言知识	结构语言学、形式语言学
物理世界	事物存在的规律	百科知识	认知语言学、生成词库论
心理世界	表情达意的方式	情境知识	功能语言学、认知语言学

三　名词知识可以搭建一个什么样的框架?

3.1　名词知识

基于对现代汉语名词基本特征的整体认识，名词知识的内容主要包括以下七个方面：

（一）句法成分功能。汉语的名词除做主语、宾语外，还能充当定语、谓语和状语，名词在充当定语、谓语和状语时有什么样的具体表现，特别是在与印欧语比较时表现出了什么样的特征，这些都需要首先做个交代。

（二）词法构成功能。这是名词的词法特征，主要指其双音化倾向，因此，汉语名词在构词上有诸多后缀，它们是构成名词的一种重要词法手段。

（三）数量表达功能。跟其他语言相比，汉语名词的数范畴有什么特征？是否有单、复数之分？复数标记"们"的用法有什么制约？另外，受数量词修饰是名词的一项典型组合功能，那么，名词是否都能受数量词修饰？受数量词修饰时有哪些限制条件？等等。顺便提及的是，本框架不包括量词与名词的组合情况，因为量词对名词的选择限制非常复杂，再加上量词也是汉语区别于无量词语言的一个显性标志，所以可以另行讨论。

（四）空间表达功能。可以说，空间性是名词最典型的特征，它决定了名词诸多句法表现，如做主语、宾语和受数量词修饰等。那么，名词是怎样表现空间性的？特别是，方位词在名词的空间表达上起到什么作用？处所词又是怎样体现出空间性的？

（五）事件表达功能。名词指事物或实体，所以空间性最为典型，但名词有时还能表达事件，从而体现出时间性特征。哪些名词可以表达事件？如何鉴定事件名词？事件名词在和相关成分组合时与非事件名词有什么不同？这种名词表现动词特性的情况有必要在框架中进行介绍。

（六）词语搭配功能。名词与相关成分组合时会受到一定的限制，这主要表现在有价名词、关系名词、抽象名词上。另外，近义名词之间的区分不在于词汇意义，重点在语法意义，而与不同词语之间的搭配关系则是近义名词语法意义的重要表现。

（七）指称表达功能。表示事物或实体的名词在具体的语境中都具有相应的指称性质，通常情况下，不同的指称性质由不同的句法形式来表达。名词的句法形式与其指称性质之间有何对应关系？不同句法位置对名词的指称性质有什么要求？光杆名词又是如何表现指称的？等等。这些知识也应纳入到名词的语用特征框架中。

3.2　知识类型

根据第二节中对知识的分类，以上七个方面的名词知识也可以归属于不同的类型。

3.2.1　名词的语言知识

语言知识是指由语言单位和语言规则构成的知识，就名词来说，主要体现在句法成分功能、词法构成功能和数量表达功能这三个方面，因为这三方面的知识基本上构成了名词作为一个独立词类的语法地位：独立充当句法成分的能力（主语、宾语等），如例（2）；与其他语言中名词的类型差异（数量与数的表达），如例（3）；作为音节语言的词法构成特征（双音化、词缀和类词缀等），如例（4）。

（2）<u>理想</u>是人类进步的阶梯。——狂风吹倒了路边的<u>树木</u>。

（3）<u>学生</u>都来了。——*<u>三个学生们</u>都来了。——*<u>三学生</u>都来了。

（4）桌子、杯子、刀子——老张、小王、阿忠

　　辅导员、运动员、守门员

3.2.2　名词的百科知识

百科知识指经验常识、认知模型、科学观念等的相关知识，就名词而言，主要体现在空间表达功能、事件表达功能和词语搭配功能这三个方面。

方位短语"名+方"结构就是名词的空间性表现。汉语的名词和方位词可以组成方位短语，但要受到一定的限制，只有有空间义的名词才能和方位词组成方位短语，而无空间义的名词则不能和方位词组成方位短语，且名词的空间义越强，与方位词组成方位短语的可能性越大（储泽祥，1997）。如表2所示：

表2　"名+方"结构举例

名词	上	下	前	后	里	外	东	南	西	北	旁	边
小王	–	–	–	–	–	–	–	–	–	–	–	–
办法	–	–	–	–	–	–	–	–	–	–	–	–
水	+	+	–	–	+	+	–	–	–	–	–	+
树	+	+	+	+	+	+	–	–	–	–	+	+
电脑	+	+	–	–	+	+	–	–	–	–	+	+
城	+	+	+	+	+	+	+	+	+	+	+	+

注：表中"+"表示该名词与该方位词可以组成方位短语，"–"表示该名词与方位词不能组成方位短语。

名词的事件表达功能如：

（5）a. 一次篮球加深了双方的友谊。

　　b. ——*一个篮球加深了双方的友谊。

（6）a. 姚明之后，中国还没有球员能够在 NBA 站稳脚跟。

　　b.——* 张三之后，中国还没有球员能够在 NBA 站稳脚跟。

名词除了表示个体外，还能表示与之相关的事件。个体名词受名量词修饰，但有时也能受动量词修饰，如"篮球"，当受动量词"次"修饰时凸显的是其事件意义，即篮球比赛，因为篮球是一种广为普及的体育运动，篮球同时也表示篮球比赛，这已成为人们的普遍认识，所以，"一次篮球比赛"可以加深双方的友谊，而"一个篮球"则做不到。再如，与"之后"组合的一般是时间名词，但有时专有名词也可以，如例（6）a 中的"姚明"，不过，不是任何专有名词都可以，如例（6）b 中的"张三"。关键在于专有名词能否表达事件意义。姚明加入 NBA 对于中国球员来说具有划时代的意义，事件性明显，而张三作为一个普通人则不具有事件性，内在依据就是人们的百科知识。

3.2.3　名词的情境知识

情境知识是指满足情境需求、传递信息思想、表达主观认识等的相关知识，就名词而言，主要表现为指称表达功能，即在一定的语境下，名词应以何种形式出现在特定的句法结构中。

（7）a. * 班上来了<u>同学</u>。——* 班上来了<u>那个同学</u>。——班上来了<u>一个同学</u>。

　　b. ? 桌子上放着<u>书</u>。——桌子上放着<u>一本书</u>。——桌子上放着<u>鲁迅的书</u>。

　　c. * <u>一只熊猫</u>吃竹子。——* <u>那只熊猫</u>吃竹子。——<u>熊猫</u>吃竹子。

名词的不同结构形式有着不同的指称性质，而句法结构的不同位置对名词的指称性质又有不同的要求。一般而言，叙述句中的主语为旧信息，宾语为新信息，而定指名词表旧信息，不定指名词表新信息，所以，例（7）中 a、b 的宾语只能为"一量名"形式或领属性定中结构；评述句中的主语常要求为类指，而光杆名词是类指的表现形式，所以，例（7）c 中的主语只能是"熊猫"而不能是"一只熊猫"或"那只熊猫"。

3.3　知识框架

根据以上对名词知识内容的概括和对名词知识类型的分析，可以将汉语名词的知识框架构建如下，同时，这一框架也是第二语言教学中名词需要教授的相关知识（见表3）。

表3　汉语名词的知识框架

知识类型	知识内容	具体现象示例
语言知识 （组词成句的规律）	句法成分功能	名词的基本语法特征是什么？
		名词还可以充当什么句法成分？
		名词包括哪些下位小类？
		什么是有价名词？
	词法构成功能	名词的音节特征是什么？
		名词的词法特征是什么？
	数量表达功能	名词都可以受数量词修饰吗？
		名词有单、复数之分吗？
		名词有量性意义吗？
百科知识 （事物构造的原理）	空间表达功能	名词都有空间性特征吗？
		什么是方位名词？
		什么是处所名词？
	事件表达功能	事件名词包括哪些小类？
		事件名词的句法特征是什么？
	词语搭配功能	"工厂"和"厂家"有什么不同？
情境知识 （表情达意的方式）	指称表达功能	定指、不定指成分各有什么样的词法和句法表现？
		无指成分有什么样的句法表现？
		类指成分的句法语义属性是什么？
		光杆普通名词的指称性质如何确定？

四　结语

以往的第二语言教学中名词知识的淡化或不被重视，主要归咎于将语言学知识局限在语言本身这样的观念。名词的语言知识无非是组词成句和充当句法成分的功能，而这些功能又几乎是所有语言都有的，因而名词不被或无须作为教学重点也就不足为奇了。

已有研究证明，语言学知识不仅仅限于语言知识，还包括百科知识和情境知识，因为语言除了客观地表达命题外，还要反映外在事物存在的规律以及人们表情达意的方式，且后二者还是语言学知识的重要组成部分。从我们掌握的二语者汉语名词知识的习得情况看，偏误主要发生在百科知识和情境知识两个方面，这就要求我们不得不对已有的名词教学认真做出反思，对名词的知识框架重新做出思考。只有重构框架，搭建知识，才能更全面更准确地反映出名词的地位和作用，才能更有助于二语教学。名词如此，其他词类也是如此，同样，句法结构也应该不出其外。

将百科知识和情境知识作为知识内容，有其语言学理论方面的依据。在结构语言学和形式语言学之后，认知语言学、功能语言学和生成词库论等逐渐形成热潮，并至少能与结构语言学和形式语言学平起平坐，这背后的深刻理据就是：语言既表达命题，又表达情感和认识。

语言知识具有相对性，语法具有不自足性，语言知识必须与其他知识关联才能真正体现出语言作为交际工具的价值。

最后一个问题就是理论语法和教学语法之间如何区分。本文初步搭建了面向第二语言教学的汉语名词知识框架（即名词的教学语法），而这个知识框架的基础就是诸多语言学理论（即名词的理论语法），那么，就名词而言，面向第二语言教学的名词教学语法和作为本体研究的名词理论语法有什么差别？教学语法或理论语法怎么体现出其相对独立性？我们认为，两者并非截然分开、各自独立，而是相互关联、相对独立，理论语法的研究成果有时可以部分运用于教学语法，但不可否认的是，有时也可以更多甚至全部运用于教学语法，这取决于理论研究成果与教学实践需要之间的关联性。就名词而言，我们认为，这种关联性较为紧密，因此，其理论成果可以更多地服务于教学实践。

第一部分　名词的语言知识

1. 名词的基本语法特征是什么？

名词是表示人和事物等名称的词语。如：

指人名词：爸爸　哥哥　学生　军人　球员　客人　司机

指物名词：天空　大海　桌子　钢笔　黑板　手机　电脑

指事名词：会议　任务　比赛　考试　早餐　工作　活动

汉语划分词类的标准主要有两条：一是词与词的组合能力，二是词在句中充当句法成分的能力。名词也是根据这两条标准划分出来的，所以名词具有如下的基本语法特征：

一、通常做主语、宾语

可以说，充当主语、宾语是名词最重要的语法功能。或者说，判定一个词是否是名词，首先要看它能否充当主语、宾语。如：

主语：孩子们已经进入了梦乡。

　　　理想是人类进步的阶梯。

宾语：我还没有完成老师布置的任务。

　　　狂风吹倒了路边的树木。

名词除了做动词的宾语外，还有一个重要特点就是做介词的宾语，并且名词与介词组成介宾结构做状语。如：

介词＋名词：从早上　在北京　跟老师　对工作

介宾结构做状语：［从早上］开始，雨就一直没有停过。

我们［在北京］生活了好几年了。

如果碰到什么问题，可以［跟老师］商量商量。

每个人都要［对工作］认真负责。

二、一般可以受数量短语修饰

名词一般可以受数量短语修饰，形成"数＋量＋名"结构。如：

一个孩子　三只小狗　五瓶啤酒　十斤大米　一批物资　三副扑克

五种类型　一些资料

但是，名词不能直接跟数词组合。如：

＊一孩子　＊三小狗　＊一物资　＊三扑克

三、一般不受副词修饰

动词、形容词可以受副词修饰，而名词则一般不能受副词修饰。所以，能否受副词修饰也是区分名词与动词、形容词的一个重要标准。如：

不漂亮　很喜欢　非常高兴　大力提高

＊不老师　＊又愿望　＊非常篮球　＊大力高度

＊我不喜欢吃四川菜，也妈妈不喜欢。

＊妈妈昨天生病了，却小明不知道。

汉语中虽然存在部分名词受副词修饰的现象，如"很女人、很香港、非常中国"等，但能够受副词修饰的名词极其有限，且要受到严格的语义限制，难以类推，所以这种"副＋名"结构只能算是一种临时的现象，不能算作是一条语法规律。

2. 名词包括哪些下位小类？

名词可以根据不同的标准进行不同的下位分类。

一、朱德熙（1982）根据名词与量词的选择关系，将名词分为以下五类。

1. 可数名词：有自己适用的个体量词。

书　灯　笔　马　商店

2. 不可数名词：没有自己适用的个体量词，只能选择度量词、临时量词和不定量词。

水　酒　土　面粉　肉　布

3. 集合名词：只能适用集合量词和不定量词。

父母　子女　师生　衣物　军火

4. 抽象名词：只能适用种类量词和动量词。

礼节　道德　风气　观念　恩情

5. 专有名词：一般不受数量词修饰。

中国　长江　毛泽东

二、王惠、朱学锋（2000）根据名词能否受数量词修饰以及名词与不同类型量词搭配关系的情况，认为不同名词处在不同的层次，并将汉语名词分为如下小类（见表 2-1）。

表 2-1　王惠、朱学锋（2000）对汉语名词的分类

有量名词	指物名词	普通名词	具体名词	计量名词	个体名词	书、教授
					物质名词	冰、水泥
				集合名词	可分集合名词	师生、衣物
					不可分集合名词	军火、花朵
			抽象名词	勇气、思想		
		专有名词	长江、毛泽东			
	过程名词	内战、风暴				
无量名词	金额、重量					

三、张斌（2010）在对汉语名词进行全面考察后给出了如下的分类系统（见表 2-2）。

表 2-2　张斌对汉语名词的分类

一般名词	专有名词	长江、北京			
	普通名词	可量名词	个体名词 / 集体名词	学生 / 师生	
			实体名词 / 物质名词	云彩 / 空气	
			具体名词 / 抽象名词	房子 / 理想	
			无价名词 / 有价名词	一价名词	爸爸、眼睛
				二价名词	意见、方法
		非量名词	地域、交通		
特殊名词	特　类	关系名词	同学、朋友		
		有序名词	春天、局长		
	附　类	时间名词	晚上、刚才		
		处所名词	附近、郊区		
		方位词	上面、东边		

3. 名词还可以充当什么句法成分？

由于汉语缺乏形态变化，汉语的词类和句法成分之间的关系并非一一对应，有时呈现出一对多的情况。比如名词，除了主要充当主语、宾语外，还可以充当定语、状语和谓语等句法成分。

一、名词充当定语

除了充当主语、宾语外，充当定语也是汉语名词的一个较为典型的功能，因为汉语中大多数名词都能做定语。这里面又包括直接做定语和带"的"做定语两种情况。

直接做定语的情况如：

木头桌子　玻璃窗户　物质基础　生活条件　课堂作业

商品经济 体育频道 交通事故 信息时代 思想问题

需要带"的"做定语的情况如：

大家的事情 学生的书包 领导的看法 桌子的抽屉 樟树的叶子

昨天的天气 过去的时光 学校的建筑 外面的风景 刀刃的锋芒

有时候，一个名词可以直接修饰另一个名词，但也可以带上"的"修饰。如：

a. 木头房子／木头的房子 城市交通／城市的交通 语言艺术／语言的艺术

b. 中国朋友／中国的朋友 孩子脾气／孩子的脾气 狐狸尾巴／狐狸的尾巴

带不带"的"这两种情况在语义表达上有一些差别。

第一，意念上。不带"的"，两者结合得更为紧密，意念上是一个整体；带上"的"，两者结合得较为松散，意念上有着各自的独立性。如a组。

第二，意思上。不带"的"，结构表属性意义；带上"的"，结构表领属意义。如b组中的意思分别为：朋友是中国人／朋友属于中国的、像小孩子一样的脾气／属于小孩子的脾气、狡猾的伎俩／狐狸拥有的尾巴。

因此，不带"的"的"名＋名"组合的定中结构有成词的倾向，有时有比况用法。如：

木头人 铁公鸡 黄金时间 雷锋精神 孩子脾气

牛脾气 铁饭碗 水木年华 钉子精神 钢铁意志

二、名词充当状语

汉语中有一部分名词能够充当状语修饰动词。

一是时间名词、处所名词和方位名词。它们分别表示动作发生的时间、动作发生的处所和动作发生的方位。如：

时间名词：明天见 现在去 早上跑步 刚才来过

处所名词：屋里坐 楼上请 前院种花 郊区盖房

方位名词：旁边站 里面坐 上面住人 东边植树

二是某些实体名词和抽象名词，它们做状语时表示动作的手段或方式。如：

实体名词：冷水洗澡 电话联系 小车接送 掌声欢迎 电脑打字

抽象名词：直线上升 水平运动 友情演出 荣誉出品 原地踏步

实体名词做状语通常表示动作的手段，如用冷水洗澡、通过电话联系等；抽象名词做状语通常表示动作的方式，如按照直线的方式上升、依据水平方向运动等。

需要注意的是：汉语中，"的"一般为定语标记，"地"一般为状语标记。名词做定语有时可以带上"的"，但名词做状语时绝不能带"地"。

三、名词或名词性词语充当谓语

能做谓语的名词非常有限，且要受到一定的限制。以下几类名词或名词性短语可以做谓语：

时间名词（或表示时间的名词性短语）：

今天星期三　明天儿童节　刚才五点一刻

处所名词（或表示处所的名词性短语）：

北边长白山　下一站上海　目的地美国

天气名词（或表示天气的名词性短语）：

明天大雪　　后天晴天　　晚上中到大雨

籍贯名词（或表示籍贯的名词性短语）：

老王上海人　苏珊美国人　卓玛云南人

职务名词（或表示职务的名词性短语）：

爸爸工程师　儿子中学生　老王出租车司机

属性名词（或表示属性的名词性短语）：

这家伙流氓　小明男子汉　花木兰女中豪杰

妈妈急性子　丈夫好脾气　儿子大眼睛

在时间名词和处所名词做谓语的句子中，充当主语的也是相应的时间名词和处所名词，那么为什么就不能说"＊星期三今天""＊长白山北边"？限制条件是什么？这是因为做主语的时间名词、处所名词相对于做谓语的时间名词、处所名词来说更易确定。比如与"今天"相对的是"昨天、明天"，而与"星期三"相对的有从星期四到星期二这六天；"北边"是确定的方位，而以"长白山"为基准就不容易确定其方位，可以是北边，也可以是南北。

同样，表示天气、籍贯、职务、属性的名词或名词性短语做谓语时相对于其主语名词而言也是不易确定，因而才能做谓语，所以不能说"大雪明天""上海人老王""工程师爸爸"等。

在属性名词和表示属性的名词性短语中，有些名词的属性意义凸显，如"流氓、男子汉"等，有些名词的属性意义又不凸显，如"脾气、眼睛"等。所以，"脾气、眼睛"等不能做谓语，需要添加"好、大"等描绘性词语才能构成属性意义，凸显出某种特征，并做谓语。

4. 名词都可以受数量词修饰吗?

虽然受数量词修饰是名词的一个典型特征，但根据朱德熙（1982）和王惠、朱学锋（2000），名词并非都能受数量词修饰，所以可以据此将名词分为可量化名词和不可量化名词两大类。而在能受数量词修饰的名词即可量化名词中，不同类的名词也要受不同类的数量词修饰。

一、可量化名词

表 4-1 归纳了名词与量词的搭配情况。

表 4-1 名词与量词的搭配表

	个体量词	度量词	容器量词	集体量词	种类量词	成形量词	不定量词	动/时量词
个体名词	+	+	+	+	+	+	+	(−)
物质名词	−	+	+	+	+	+	+	−
可分集合名词	+	−	+	+	−	−	−	−
不可分集合名词	−	−	+	+	+	−	−	−
抽象名词	−	−	−	+	+	+	+	−
专有名词	+	−	−	−	−	−	−	−
过程名词	−	−	−	−	−	−	−	+
无量名词	−	−	−	−	−	−	−	−

注："+"表示该名词与该量词能够搭配，"−"表示它们不能搭配，"(−)"表示搭配受限制。

从表 4-1 中可以看出：个体名词如"书、桌子、电脑"等的可量化性最强，可以受除动/时量词外的其他类量词修饰；抽象名词如"想法、现象、精神"等的意义虽然不具体，但也可以用有限的量词如种类量词或不定量词进行量化；专有名词如"长江、北京、张三"等因为其意义的专有性而几乎不能量化，只有在特定的场合下才能受个体量词修饰，如"一条长江比三条珠江还长"；过程名词如"战争、球赛、暴雨"等也称为事件名词，只能受动/时量词修饰。

量词的分类如下：

个体量词：把　本　个　支　口　台

集体量词：班　带　副　群　套　组

度 量 词：尺　米　斤　克　亩　升

容器量词：杯　袋　盒　筐　桶　箱

种类量词：级　类　样　种

成形量词：串　簇　卷　捆　缕　片

不定量词：点儿　些

动 量 词：次　回　场　顿　番　通

时 量 词：年　天　阵

二、不可量化名词

另外，汉语中其实有不少名词不能受量词修饰，彭睿（1996），王惠、朱学锋（2000），方绪军（2000），温锁林（2018）等都有研究，并统计出了不受量词修饰的名词。比如：

辈分	本意	比率	边缘	兵力	病情	步伐	苍天	产量	成色
大地	大众	地域	电量	度数	份额	幅度	高温	公家	固态
官方	光速	规模	贵贱	国魂	国民	含量	航天	河山	鸿运
佳音	家境	江河	交通	近况	军心	来势	路途	门第	民心
年岁	浓度	匹夫	青春	轻重	全局	人类	时局	数量	水土
四肢	体重	天涯	土木	外貌	五官	心胸	音量	原价	质量

这类名词根据其语义特征可做如下分类（温锁林，2018）：

1. 含量名词

（1）含"度"类。如：

长度 程度 纯度 幅度 高度 广度 厚度 进度 宽度 浓度 强度
深度 湿度 速度 纬度 温度 知名度

（2）含"量"类。如：

产量 分量 剂量 流量 容量 食量 数量 音量 雨量 云量 重量
质量 总量

2. 含数名词

（1）含"数"类。如：

四肢 四邻 四季 五官 五岳 三军 百分比 两口子 双学位
双方 二进制 二重性 二线 一生

（2）"计数"类。如：

容积 流速 金额 体重 比例 种类 时差 升幅 收支 体积 温差
音域 大小 轻重 深浅 高矮 长短

（3）"全量"类。如：

全局 全程 全文 总价 总值 总和 大众 民众 公众 众人 众生

（4）"唯一"类。如：

本文 本土 本意 故里 家父 长孙 国度 国魂 国籍 匹夫 大局
大地 红颜 江山

3. 分类名词

乘法 除法 加法 减法 阴性 阳性 鱼类 鸟类 唯心论 唯物论
内地 外地 卖方 买方

可以看出，这类名词在语义上有较显著的特征，即构词成分本身就显示出了
数量意义，而正是这种显性的数量特征使其不能再被量化。

5. 名词有单、复数之分吗?

如果以数范畴为依据,那么,世界语言可以分为"数标记型语言"和"非数标记型语言"这两大类型,数标记型语言的名词在语法层面上有单复数的区分,非数标记型语言的名词没有单复数区分。

英语是典型的数标记型语言,名词有单复数之分,可数名词可以用复数标记-s 标识,不可数名词则不能用复数标记。当要表达复数意义时,英语可数名词会强制性地使用复数标记,且复数名词始终表示复数,复数标记不能出现在单数名词之后,同时,英语的可数名词没有光杆单数形式的用法。分别如下例:

(1)a. I saw bears/ two bears.

b. I saw a bear/ *a bears.

c. * I saw bear.

汉语属于非数标记型语言,名词不具有单复数之分。因为汉语光杆名词在不同的语境中可以解读为单数或者复数,所以,汉语并不需要一个强制性的复数标记来表示复数意义;又因为汉语名词表示单数和复数意义时没有形态变化,所以并不需要专门的复数标记来表示复数意义。总之,汉语没有专门的形态标记来区分单复数名词。如:

(2)a. 他去见学生了。   [单、复数均可]

b. 学生今天上课迟到了。

(3)a. 他去见了一位老师/ 三位老师。   [单、复数同形]

b. 办公室只有一把椅子/ 两把椅子。

例(2)中的"学生"为光杆形式,既可以理解为单数,也可以理解为复数,但这种理解并不需要借助任何语法标记,只需根据具体的场景来确定;例(3)中的"老师、椅子"不管是受单数义的数量词还是复数义的数量词修饰,形态都不发生变化。

那么,汉语的名词后面加上"们"后都表示复数意义,"们"是不是汉语的复数标记呢？这就要看"们"与名词的结合能力了。名词的复数标记其实有一个等级序列，因为在有些语言中，可能只有部分名词可以标记为复数，其他名词则不可以。该等级序列大致为：

说话者 > 听话者 > 第三人称 > 亲属名词 > 表人名词 > 有生名词 > 无生名词

汉语的"们"对名词序列的标记基本符合这一序列，因为"们"可以出现在三身代词之后，构成人称代词复数形式，也可以出现在表人名词之后，但不能出现在表物名词之后。如以下例句所示：

（4）a. 我们等你们一起去博物馆。

　　　b. 咱们中国人吃饭都用筷子。

（5）a. 同学们 / 孩子们今天玩得很高兴。

　　　b. *小草们 / 笋儿们偷偷地从土里钻出来。

　　　c. *桌子们 / 杯子们都摆好了。

　　　d. *沙子们 / 水们用完了。

虽然名词加上"们"后表示复数意义，但"们"对名词并不具有普遍性，所以，"们"不能看作是汉语的复数标记。

6. 名词在音节上和构词上各有什么特征？

古代汉语的词以单音节为主，在逐渐过渡到现代汉语的过程中，词语出现了双音化趋势，双音节词语占绝大多数，其中名词更为典型。其双音化特征表现为：

第一，至今保留下来的单音节名词仅限于那些最常用的少数词语，如"人、山、水、风、雨、书、饭、酒、门、家"等，古代汉语中的大多数单音节词语如"日、月、桌、椅、耳、鼻、虎、象、爷、姨"等在现代汉语中都以双音节形式如"太阳、月亮、桌子、椅子、耳朵、鼻子、老虎、大象、爷爷、阿姨"出现。

第二，人们在给新出现的事物命名时以双音节为主。如"飞机、火箭、公路、高铁、电脑、手机、冰箱、电视、微信、密码、邮箱、账号"等。

第三，即使是那些常用的少数单音节词语，在具体使用时也表现出双音化倾向，即单音节有时受到限制。如"书籍（＊书）是人类进步的阶梯""人们（＊人）总是乐于帮助他人""飞机冲向天空（＊天），越过大海（＊海）"。

由于现代汉语词语的双音化倾向，名词在构词上除了采用复合构词法外，更突出地采用派生构词法，即"词根＋词缀"或"词缀＋词根"的形式，附在词根前面的词缀叫前缀，后面的叫后缀。虽然现代汉语中的前缀和后缀较少，但是类后缀却非常丰富，由此形成名词重要的构词方式和名词的重要来源。

（1）前缀＋词根

老：老师　老板　老婆　老公　老外　老乡　老总　老表　老虎　老鼠

阿：阿姨　阿哥　阿婆　阿爸　阿叔　阿斗　阿Q　阿大　阿毛　阿猫

小：小丑　小姐　小蜜　小贩　小伙　小偷　小农　小调　小王　小菜

（2）词根＋后缀

子：桌子　椅子　棍子　盒子　帽子　骗子　锥子　钳子　矮子　傻子

头：想头　骨头　砖头　石头　来头　苦头　甜头　念头　派头　玩头

儿：头儿　信儿　摊儿　画儿　卷儿　味儿　盖儿　空儿

（3）词根＋类后缀

师：法师　宗师　厨师　技师　教师　导师　牧师

友：工友　校友　票友　学友　好友　病友　挚友

盲：文盲　色盲　法盲　球盲　乐盲　舞盲　画盲

家：亲家　商家　厂家　店家　卖家　作家　专家

士：博士　战士　女士　勇士　骑士　烈士　志士

民：公民　选民　难民　烟民　股民　良民　市民

匠：画匠　工匠　木匠　瓦匠　铁匠　篾匠　漆匠

鬼：烟鬼　酒鬼　色鬼　死鬼　小鬼　馋鬼　醉鬼

法：手法　枪法　看法　魔法　办法　戏法　唱法

坛：体坛　足坛　文坛　歌坛　影坛　诗坛　论坛

现代汉语的类词缀丰富且构词能力强，双音节名词也能和类词缀组合并形成新的名词，由此构成众多的三音节名词，可以说三音节性是名词的又一突出特点。如：

（4）类前缀 + 词根

半：半自动　半封建　半导体　半官方　半开放　半封闭

单：单细胞　单相思　单方面　单行线　单学制　单眼皮

非：非金属　非卖品　非官方　非党员　非人类　非婚生

亚：亚热带　亚硫酸　亚健康　亚文化　亚音速　亚急性

（5）词根 + 类后缀

热：气功热　考研热　出国热　英语热　电脑热　健身热

风：吃喝风　倒卖风　赌博风　打折风　浮夸风　摊派风

化：智能化　专业化　货币化　老龄化　女性化　城市化

机：计算机　收音机　扩音机　录像机　电视机　洗衣机

第二部分　名词的百科知识

7. 名词都有空间性特征吗? ①

有形体的事物都会占据一定的空间，而没有形体的事物也就谈不上有空间了，所以，名词也可以据此分为有空间义名词和无空间义名词两类：

有/强空间性名词：处所　方位　工具　食品　植物　身体部位

无/弱空间性名词：人名　动物名　事物名　抽象名　现象名（风、雨）

名词空间义的有无或强弱在句法表现上有较大差别。主要如下：

一、方位短语"名+方"

汉语的名词和方位词可以组成方位短语，但要受到一定的限制，只有有空间义的名词才能和方位词组成方位短语，而无空间义的名词则不能和方位词组成方位短语，且空间义越强的名词与方位词组成方位短语的可能性越大。如表 7-1 所示：

表 7-1　名词与方位词组合情况

	上	下	前	后	里	外	东	南	西	北	旁	边
小王	−	−	−	−	−	−	−	−	−	−	−	−
办法	−	−	−	−	−	−	−	−	−	−	−	−
水	+	+	−	−	+	−	−	−	−	−	−	+
树	+	+	+	+	−	−	−	−	−	−	+	−
电脑	+	+	+	+	+	+	−	−	−	−	+	+
城	+	+	+	+	+	+	+	+	+	+	+	+

注："+"表示该名词与该方位词可以组合成方位短语，"−"则表示不能。

---

① 本节内容介绍主要基于储泽祥（1997a、1997b）。

二、临时物量词

量词是汉藏语系中的一个独特的词类，汉语中的量词也非常丰富，如主要用来对事物进行度量衡的专用物量词"条、串、片、滴、盒、包"等，它们具有［＋空间］、［＋量］这样的语义特征，这样的物量词一般与实体名词组配。

不过，汉语中有些名词也能作为量词使用，这样的名词主要是那些空间性强的名词，所以也把这种具有量词功能的名词称为临时物量词。如：

满大街的人　全院的医生　一卡车的西瓜　一桌子的菜　一屋子人

一抽屉书　满头的白发　一身的泥巴

而空间性弱的名词则不具有这样的量词功能。如：

*一牛的毛　*一小王的汗　*一办法的？　*一风的？

三、"名·形"格式

汉语中有一种这样的偏正结构，就是由名词充当状语修饰形容词，如"扁担长"，意思是"有扁担那么长"或"像扁担一样长"。而能充当状语的名词只限于空间义强的名词，空间义弱的名词不具有这样的功能。如：

芝麻大的事　水桶粗的腰　豆大的汗珠　扁担长的蛇　桌子高的孩子

砖墙厚的钢板

四、句法位置

名词的空间性还体现在充当句法成分的能力上。名词的典型功能是充当主语、宾语，空间性是名词的典型特征之一，所以，空间义越强的名词越适合充当主语、宾语。

但汉语名词也具有充当其他成分的能力，比如谓语，而谓语是对主语进行陈述或说明的，具有时间性，时间性又和空间性相对立，即时间性越强的成分空间性越弱，所以，具备充当谓语功能的名词，其空间性较弱。如：

（1）鲁迅，绍兴人。

（2）矛盾，文学家。

（3）他今天阿Q了一番。

（4）他这个人很阿Q。

8. 方位名词的语法特征是什么?

方位名词是指表示方向、位置的词,包括单纯方位名词和合成方位名词两类。单纯方位名词如"上、下、前、后、东、西"等,它们与"边""面""头""以""之"等组合在一起形成合成方位名词。

常见的方位名词如表8-1所示:

表 8-1　方位名词组合情况

	～边	～面	～头	以～	之～
上	上边	上面	上头	以上	之上
下	下边	下面	下头	以下	之下
前	前边	前面	前头	以前	之前
后	后边	后面	后头	以后	之后
里	里边	里面	里头		
外	外边	外面	外头	以外	之外
左	左边	左面			
右	右边	右面			
东	东边	东面		以东	之东
南	南边	南面		以南	之南
西	西边	西面		以西	之西
北	北边	北面		以北	之北

除此之外,方位名词还包括"旁、旁边、中、中间、中央、当中、之间、以内、之内"等。

方位名词的主要用法如下:

第一,单纯方位名词一般不能单独使用,需要与别的词语组合起来使用。

方位名词＋其他词语:

桌子上　教室前　房间里　小河旁　丛林中　左分支　东半球

(1)＊这儿新开了一家书店,里有很多外文书。

——这儿新开了一家书店,书店里／里面有很多外文书。

（2）＊家里买了一张上下铺的床，哥哥睡在<u>上</u>，弟弟睡在<u>下</u>。

  ——家里买了一张上下铺的床，哥哥睡在<u>上铺</u>，弟弟睡在<u>下铺</u>。

第二，合成方位名词一般可以单独使用。

（1）这儿环境非常优美，前面是大海，后面是高山。

（2）每当夏季来临，长江以南湿润多雨，长江以北干燥少雨。

第三，普通名词表示处所时，要加上方位名词构成方位短语。

（3）生日那天，我的桌子上放满了各式各样的礼物。

  ——＊生日那天，我的桌子放满了各式各样的礼物。

（4）马路对面，银行的左边是邮局，右边是超市。

  ——＊马路对面，银行的左是邮局，右是超市。

第四，表示国名、地名的专有名词也可以表示处所，不能再加方位名词"里"。

（5）吉尼斯世界纪录认证，世界上最长寿的人在日本。

  ——＊世界上最长寿的人在日本<u>里</u>。

（6）北京大学每年都有很多外国留学生来学习汉语。

  ——＊北京大学<u>里</u>每年都有很多外国留学生来学习汉语。

9.　处所名词的语法特征是什么？

  处所名词是指表示处所意义的名词，它们能做"在、到、往"的宾语，并且能用"哪儿"提问，还能用"这儿、那儿"指代。

  汉语的处所名词包括以下四类：

（1）地名。如：中国、上海、黄浦区、井冈山、北京大学。

（2）表示机关单位的名词。如：学校、医院、规划局、派出所。

（3）方位名词（主要是合成方位名词）。如：前面、旁边、外头、东面。

（4）专门表处所的名词。如：周围、附近、远处、当地。

  汉语的普通名词是指"电话、桌子、钢琴、石头、大雁"等。处所名词和普通名词的区别主要表现在两个方面。

一是句法功能上，区别如表 9-1 所示：

表 9-1   处所名词与普通名词语法特征差别

句法功能	处所名词	普通名词
充当介词"在、到"的宾语	＋	－
受数量词修饰	（－＋）	＋
直接充当状语	＋	（－＋）

注："＋"表示具有该特征，"－"表示不具有该特征，"（－＋）"表示该类名词下有的词具有该特征，有的词不具有该特征。

两者在句法功能上最明显的不同就是能否充当介词"在、到"的宾语，处所名词可以，而普通名词绝对不可以；另外，普通名词可以受数量词修饰，处所名词一般不受数量词修饰；处所名词可以直接做状语，而普通名词极少直接做状语。如：

处所名词：在上海　＊一个上海／一所学校　咱们上海见

普通名词：＊在桌子　一张桌子　＊咱们桌子写字／咱们电话联系

二是空间的表达上。两类名词在空间表达上的差异如下：

（1）当普通名词要表示空间意义时，必须进入"介词 +NP+ 方位词"这样一个结构框架；

（2）地名或专门处所名词表空间时，方位词不能出现；

（3）机关单位的处所名词表空间时，方位词可以隐现。

换句话说就是，它们在表示空间意义时对方位词的依赖程度不一样：普通名词严重依赖方位词，地名或专名绝对排斥方位词，而机关单位的处所名词则是两可。如：

普通名词：＊在桌子／在桌子<u>上</u>　＊在钢琴／在钢琴<u>旁边</u>

地名或专名：在中国／＊在中国<u>里</u>　在周围／＊在周围<u>中</u>

机关单位名词：在学校／在学校<u>里</u>　在医院／在医院<u>里面</u>

10. 时间名词的语法特征是什么？

时间名词能做"在""到""等到"的宾语，并且能用"这个时候""那个时候"指称。例如：宋朝、去年、立春、今天、现在、刚才、过去、从前、星期一。

时间名词都表示时间，但表示时间的不一定就是时间名词。如下面三组表示时间意义的词语就存在差别：

a. 已经　刚刚　忽然

b. 时间　时候　功夫

c. 一会儿　半天　两年

a组"已经、刚刚、忽然"是时间副词，不能充当"在""到""等到"的宾语，经常修饰动词做状语；b组"时间、时候、功夫"也不能做"在""到""等到"的宾语，但可以做主语，是一般名词；c组"一会儿、半天、两年"等有时间意义的词却是数量词或数量短语，它们经常修饰名词组成"数量名"短语。

"今天、星期一"等是表时间的名词，"一会儿、半天"等是表时间的数量词，它们表示的时间性质也不相同：前者表示的是"时点"，即时间的位置、时间的早晚；后者表示的是"时段"，即时间的长短。

表时点的词放在动词前做主语，表示的是事情发生的时间，常用"什么时间、什么时候"等提问；表时段的词放在动词前做主语，表示这段时间里发生了什么事或有什么情况，常用"多长时间、多少时间"等提问。如：

时点词主语：<u>明天</u>去。

　　　　　　<u>什么时候</u>去？——明天。

时段词主语：<u>半天</u>上两节课。

　　　　　　<u>多长时间</u>上两节课？——半天。

常见的时点表示法如：

点钟　点　刻　分　秒

早上　中午　傍晚　晚上　半夜　凌晨

～号／日　～月　星期～　（今／明）年

（课）前 / 后　以前　以后　之前　之后

常见的时段表示法如：

小时　钟头　刻钟　分钟　秒钟

数（量）词＋上午 / 晚上 / 夜 / 天 / 星期 / 学期

11.　时点词和时段词有什么不同？

这两类时间词的不同主要表现在词汇意义上和句法分布上。

一、词汇意义上

时点词表示某个特定时间，回答什么时候的问题；时段词表示时间的长短，回答多长时间的问题。时点词一般只在动词前出现，不在动词后出现，除非得到介词的帮助；而时段词不仅可以在动词前出现，也可以在动词后出现，无须介词帮助。如：

提问方式：a. 什么时候开演？——三点一刻。/ * 三点一刻钟

　　　　　b. 演了多长时间？——三小时十分钟。/ * 三点十分

句法位置：a. 凌晨，这里发生了交通事故。/ 早晨，这里发生了交通事故。

　　　　　b. 他等了一个早晨。/ * 他等了一个凌晨。

二、句法分布上

两类时间词在各自的句法分布上还有很大的不同。具体如下：

1. 时点词的构成特点

（1）表示钟点的词语。如：秒、分、刻、点、点钟、时。

汉语的"点钟"一般只用于正点，相当于英语的 o'clock。如果不是正点，汉语用"点"或"时"，英语一般不用词语标示。如：

现在是五点钟。（It is five o'clock.）

五点二十分（five twenty）

汉语表时点用"刻"，表时段用"刻钟"，而英语的 quarter 可表时点也可表时段。如：

现在是五点一刻。（ It is a quarter past five. ）

一刻钟三次（ three times every quarter ）

另外，"分"常可以省略，而"秒"不能省略。

（2）表示日期、星期、月份、年份的时点词。如：号、日、星期、礼拜、周、月、年。

汉语表示具体的日期时或在"号、日、月、年"前加上基数词，或在"星期、礼拜、周"后面加上基数词。这与英语有很大的不同。如：

二十一号　六月　一九九八年　（星期 / 礼拜 / 周）三

2. 时段词的构成特点

时段词可以分为以下三个小类：

a. 钟头　月　季度　春天　世纪

b. 秒（钟）　分钟　刻钟　天　夜　宿　年

c. 小时　星期　学期　学年

（1）与"个"组合

上述三类时段词，a 类需要加"个"，b 类不能加"个"，c 类两可。如：

一个钟头　三刻钟　两（个）学期

（2）与"半"组合

a 类时段词中，少于一个时段的，在"个"前加"半"，多于一个时段，则在"个"后加"半"。如：

半个钟头　半个季度　两个半月　一个半世纪

b 类时段词中，少于一个时段的，前加"半"，多于一个时段，则后加"半"。如：

半分钟　半宿　三天半　一年半

c 类时段词中，少于一个时段的，"个"的使用比较自由，多于一个时段的，需要前加"数词＋个"。如：

半（个）小时　半（个）学期　一个半小时　两个半学期

12. "年、月、日／天"和"时、分、秒"有什么不同?

"年、月、日／天、时、分、秒"都是时间词语,虽属于同一范畴,但它们在句法分布上却呈现出不对称现象。

先看"年、月、日／天"的分布情况。可以通过如下句法测试观察三者的差别。

添加量词:＊住了三个年　住了三个月　＊住了三个天

组成"半～":半年　＊半月　半天　三年半　＊三月半　三天半

组成"今～":今年　＊今月　今天

组成"第～":第二年　＊第二月　第二天

重叠形式:(一)年年／＊月月／天天　一年一年　＊一月一月　一天一天

"多少～":多少年　＊多少月　多少天

可以看出,"年、日／天"二者的分布一致,且正好与"月"形成不对称分布。

再看"时、分、秒"的分布情况,也用以上方法进行测试。

添加量词:三个钟头　＊三个分钟　＊三个秒

组成"半～":＊半钟头　半分钟　半秒　＊三钟头半　三分钟半　三秒半

组成"今～":＊今钟头　＊今分钟　＊今秒

组成"第～":＊第二钟头　第二分钟　第二秒

重叠形式:＊(一)钟头钟头　＊分钟分钟　秒秒　＊一钟头一钟头　一分钟一分钟　一秒一秒

"多少～":＊多少钟头　多少分钟　多少秒

可以看出,"分、秒"二者的分布一致,并与"时"形成不对称分布。同时,表示"分、秒"的"分钟、秒／秒钟"跟"年、日"的语法特点基本一致,而表示"时"的"小时／钟头"则跟"月"的语法特点也差不多。

从词类的语法特点看,不能与序数词组合,不能重叠,不能用"多少"提问且必须加量词,这些是名词的特性;与之相反,能与序数词组合,能重叠,能用"多少"提问且不能加量词,这些是量词的特性。因此,"年、日／天、分、秒"是量词,而"月、时"为名词。

13. 什么是二价名词?

　　根据袁毓林（1992），二价名词是指语义结构上关涉到两个论元，并要求所支配的论元在句法上与之共现的一类名词。如"意见"，其用法是"我对他有意见"，其中，"我"是主体，对象"他"用介词"对"引导出来。但如果其中的一个论元不出现，那么语义表达就不完整，如"我有意见"。二价名词的语义结构可以表示为:

意见: 看法＜某人　对　某人/某事＞
　　　　　（主体）　　　（对象）

汉语中常见的二价名词有如下三类:

一、态度情感类

意见	见解	高见	偏见	成见	意思	想法	看法	幻想	答案	答复
结论	定论	感情	真情	情义	热情	恩情	恩德	戒心	爱心	偏心
疑心	顾虑	感觉	直觉	感受	感想	体会	印象	反应	信心	信念
信仰	敌意	敬意	好意	好感	立场	态度	责任	兴趣		

二、理由条件类

理由	把握	条件	资格	可能	办法	机会	希望	力量	责任	决心
必要	时间	功夫								

三、政策措施类

条例	措施	政策	方案	原则	法令	门路	对策	地方	理由	证据
谣言	借口	勇气	决定	选择	速度	进程	周期	效率	范围	

二价名词通常出现在以下句法环境中:

1. 与某类特定的动词组合形成动宾结构。如"有（意见、好感、耐心、热情）""提出（意见、看法、见解）""表达（观点、态度、立场）"。句法环境是:

"NP₂，NP₁+VP 意见 / 看法 / 立场"。如：

（1）这件事情，我有不同意见。

（2）讨论问题，每个人都要表达自己的观点。

2. 形成某个特定的句法框架。如"NP₁ 对 NP₂ 有意见 / 提出看法 / 表达立场""NP₁ 对 NP₂ 的意见 / 看法 / 立场 +VP"。如：

（3）我对这件事情有看法。

（4）我对这个问题的态度是不会改变的。

3. 借助话题表达，形成领属结构。如"关于 NP₂，NP₁ 的意见 / 看法 / 立场是 VP""关于 NP₂，NP₁+VP 意见 / 看法 / 立场"。如：

（5）关于这件事情，我的意见是下次再讨论。

（6）关于这个问题，我保留自己的看法。

由此可见，对象论元呈现的方式丰富多样。

14. 什么是一价名词？

袁毓林（1994）指出，一价名词是指语义结构上关涉到一个论元，并要求所支配的这个论元在句法上与之共现的一类名词。比如"脾气"，其用法是"他的脾气不好"，其中，"他"就是"脾气"所支配的论元。如果这个论元不出现，语义表达就不完整，如"脾气不好"，因为"脾气"是某人所拥有的。

汉语中常见的一价名词有如下三类：

亲属名词：爸爸　妈妈　丈夫　妻子　儿子　女儿

属性名词：脾气　性格　弹性　味道　颜色　形状

部件名词：胳膊　尾巴　抽屉　门锁　盖子　封面

亲属名词表示与人在亲缘上的某种关系，只有明确了某人，才能确定其所指。如"爸爸"的所指是不确定的，只有明确他是小王或小李的爸爸后，才能确定他是老王或老李。

属性名词表示事物某种抽象的性质，而性质是依附于实体的，所以，只有相应的实体名词出现，才能使其语义具体化。如"味道很淡"中的"味道"所指并不确定，需要其所依附的实体名词"酒、菜"等出现才能明确所指，如"酒的味道很淡"。

　　部件名词表示某种事物不可分割的组成部分，它与某一事物之间形成"部分—整体"这种非常紧密的内在联系，因此要求其所属的名词出现才能确定所指。如"胳膊断了"的表义不完整是因为部件名词"胳膊"的所指不确定，因此需要作为"整体"的名词出现才能确定，如"小王的胳膊断了"。

　　一价名词通常出现在以下句法环境中：

　　1. 充当主谓谓语句中的小主语。句法框架为：NP_1+NP_2+AP。其中，NP_1 是一价名词 NP_2 的论元。如：

　　（1）他这个人脾气不好。

　　（2）这本书封面很旧。

　　2. 做不及物动词的宾语，形成特殊的主动宾句式。句法框架为：$NP_1+VP+NP_2$。其中，NP_1 是一价名词 NP_2 的论元。如：

　　（3）王冕死了父亲。

　　（4）老王断了一条胳膊。

15.　什么是事件名词?

　　一般来说，名词表示事物，动词表示动作或行为，事物表现为空间性特征，动作或行为表现为时间性特征。但是，有一些名词也具有时间性，表现为一种时间性的存在。如"早餐"，它既包含了"面包""牛奶"等事物，又包含了"吃""喝"等动作行为，是事物和动作的有机融合；再如"暴雨"，它既指事物"雨水"，又指动作"下"，是事物和动作的统一。所以，像"早餐""暴雨"等这样的名词就是事件名词。

　　也就是说，有一些名词所指的对象不只是一个事物，更是一个事件，而事件包含起点、过程、终点等相关时间要素，如"早餐"是在某一时间开始后的一段时间内结束，"暴雨"也不可能长时间持续。这与事物名词"桌子""电脑""空气"等有很大的不同，因为事物名词并不包含起点、过程、终点等时间要素。

事件有多种多样，相应地，指称事件的名词也就可以分为不同类型。根据韩蕾（2016），常见的事件名词有如下一些类别：自然现象类（如暴雨、冰雹、大旱等）、争斗类（如战争、商战、硬仗等）、灾害类（如灾情、蝗灾、洪灾等）、会议类（如晚会、博览会、运动会等）、比赛类（如球赛、棋赛、锦标赛等）、娱乐类（如电影、话剧、魔术等）、文体类（如芭蕾舞、交谊舞、体操等）、饮食类（如晚餐、家宴、流水席等）、礼仪类（如庆典、婚礼、丧礼等）、梦类（如美梦、噩梦、白日梦等）、疾病类（如重病、心病、癌症等）、考试类（如春试、会试、乡试等）、课程类（如讲座、党课、必修课等）、节假类（如病假、产假、事假等）。

16. 事件名词的句法特征是什么？

事件名词作为名词的一个小类，在充当句法成分的能力上类似于一般名词，但不同之处是，事件名词在与相关成分组合时有一定的限制（韩蕾，2016）。

一、事件名词与数量词组合

受数量词修饰是名词的基本特征，但修饰事件名词的数量词通常是动量词或时量词，而名量词较少。可用如下句法框架判定：

1. 一 + 动量词 + N

一次会议　一场球赛　一阵暴雨　一顿大餐

2. 一 + 时量词 + 的 + N

一天的会议　两小时的球赛　十分钟的暴雨　一个月的大餐

二、事件名词与时间方位词组合

具体事物名词与方位词（上、下、左、右、前、后）组合后表示空间义，而事件名词只能与"前、后、中"等组合，但组合后不表空间义，而表时间义，所以，可以把与事件名词组合的方位词称为时间方位词。可用如下句法框架判定：

3.（在＋）N＋前（之前、以前）/后（之后、以后）

（在＋）会议 / 球赛 / 暴雨 / 大餐＋前（之前、以前）/后（之后、以后）

4.（在＋）N＋中（之中、时、期间）

（在＋）会议 / 球赛 / 暴雨 / 大餐＋中（之中、时、期间）

三、事件名词与虚义动词组合

虚义动词指词汇意义较为虚泛的动词，主要包括体动词（如"开始、持续、结束"等）和发生动词（如"进行、发生"等）。事件名词在充当主语、宾语时可与虚义动词组合。可用如下句法框架判定：

5.N＋正在＋虚义动词

会议正在进行。　　灾难正在发生。　　球赛正在继续。

6.主语＋正在＋虚义动词＋N

他们正在开始早餐。

事实上，上述限制也是事件名词的句法鉴定框架。当然，这些框架的覆盖面有宽有窄，与动量词或时量词的组合几乎可以覆盖所有的事件名词，而与虚义动词的组合只覆盖部分事件名词。不过，如果能够进入以上框架中的任何一个，都可以看作是事件名词。

17. 如果着眼于时间性，名词可以分成哪些小类？

我们也可以根据时间性的有无，将汉语的名词分为事物名词、事件名词和动名词这三个小类。如：

事物名词：树叶　苹果　水杯　桌子　风气　思想　方法　道德

事件名词：暴雨　战争　灾害　会议　球赛　舞蹈　早餐　官司

动名词：计划　活动　战斗　考试　比赛　会展　作用　影响

其中，事物名词没有时间意义，只能受名量词（如"片、个、张、块"等）修饰，而不能受动量词或时量词修饰。动名词的时间性最强，除了具有事件名词的句法特征外，还具有动词的体特征，如可以加"了/过"等体标记。

三者在句法特征上的区别可大致归纳如下（见表 17-1）：

表 17-1　事物名词、事件名词和动名词的句法特征

	受名量词修饰	受动量词/时量词修饰	添加体标记
事物名词	+	−	−
事件名词	−	+	−
动名词	−	+	+

注："+"表示具有该特征，"−"表示不具有该特征。

1.事物名词

一个苹果一块钱。

*一次苹果吃了两个。

*我昨天苹果过。

2.事件名词

*一个战争持续了三个月。

一次战争持续了三个月。

*我们曾经在这里战争过。

3.动名词

*一个战斗死伤了几十人。

一次战斗死伤了几十人。

我们曾经在这里战斗过。

18. 抽象名词的句法特征是什么？

着眼于名词意义的虚实，可以将名词分为具体名词和抽象名词两类。具

体名词指有形可定、意义具体的事物的名称，如"桌子、电脑、松树、天空"等；抽象名词指无形可定、意义抽象的事物的名称，如"方法、观点、性质、学术"等。

抽象名词可以根据以下句法搭配标准进行鉴定（方清明，2021）。

一、一种 / 一类 / 一些 / 一点 + 抽象名词

1. 一种 + 问题 / 东西 / 情绪 / 感情 / 理由 / 理念 / 想法 / 勇气 / 艺术
2. 一类 + 数据 / 模型 / 信号 / 方案 / 指标 / 风格 / 符号 / 合同 / 差异
3. 一些 + 问题 / 影响 / 想法 / 规律 / 事情 / 东西
4. 一点 + 情绪 / 学问 / 意思 / 力气 / 能力 / 理由

二、一切 + 抽象名词

一切 + 问题 / 事物 / 东西 / 经验 / 理由 / 手段

（1）一切问题的产生都源自制度的不健全。

（2）为了达到某种不可告人的目的，有人可能会采取一切手段。

三、针对……+ 抽象名词

针对……+ 情况 / 特点 / 对象 / 实际 / 实践 / 制度 / 思想 / 弊端 / 矛盾 / 形势

（3）对待孩子不能一刀切，应该针对不同的对象采用不同的教学方法。

（4）针对目前存在的薄弱环节，各部门提出了相应的改进措施。

四、本着……+ 抽象名词

本着……+ 精神 / 原则 / 态度 / 方针 / 观点 / 目标 / 想法 / 愿望

（5）双方本着真诚合作、互惠互利的原则进行了友好磋商。

（6）领导干部应本着全心全意为人民服务的精神，恪守职责，无私奉献。

五、具有……+ 抽象名词

具有……+ 意义 / 性质 / 属性 / 价值 / 共同点 / 权威性 / 素质 / 意识

（7）加强党的作风建设，继续发扬艰苦奋斗的精神，对于保证四个现代化的实现<u>具有</u>十分重要的<u>意义</u>。

（8）每个公民都应该<u>具有</u>主人翁的<u>意识</u>，做出自己应有的贡献。

19. 抽象名词有哪些类别？

方清明（2021）对抽象名词有详细的分类。根据名词的语义特征，可以将抽象名词大致分为以下类别，或者说，抽象名词大致包括如下类别。

事情类：	东西	事	事故	事件	事态	事物	事项	往事	物质
情状类：	变故	波折	动静	境况	情况	情形	情状	实情	意外	状况
	状态								
理由类：	道理	借口	理由	情理	事理	事由	托词	哲理	真谛	真理
因果类：	报应	产物	成因	到底	后果	结果	结局	结尾	究竟	来头
	来由	名堂	内因	起因	外因	下场	诱因	缘故	原委	原因
	缘起	缘由								
消息类：	传说	传闻	传言	风声	情报	通讯	消息	新闻	信息	音信
形势类：	风声	风云	迹象	局面	局势	苗头	气候	趋势	时局	局势
	事态	态势	现象	形势	阵势	症候	症状			
证据类：	根据	根源	来源	论据	论证	凭据	依据	证据	源头	
样态类：	地势	地形	花样	款式	模样	式样	体形	形式	形象	样式
	样子									
方法类：	办法	点子	法子	方法	技术	诀窍	路径	门道	渠道	手段
	主意									
情貌类：	本色	表面	表情	风采	风度	架势	精神	面貌	面目	派头
	气派	气质	情态	容貌	神情	神色	手势	体貌	仪态	姿态
风景类：	风光	风景	光景	景观	景色	景象	景致	情景	现象	
优缺类：	短处	害处	好处	坏处	利弊	利益	毛病	缺点	缺陷	通病
	瑕疵	益处	优点	长处						

特性类：	本质	差别	差异	风味	区别	属性	特点	特色	特性	特征
	性质									
范围类：	范畴	范围	方面	规模	环节	局面	领域	体系	系统	
类别类：	层次	层级	程序	类别	类型	门类	种类	品种	物种	项目
标准类：	榜样	标准	程度	顶点	分寸	规格	基准	品质	身份	水平
	水准	限度	样子	原则	质地	质量	准则			
核心类：	本质	根本	关键	核心	基本	基础	基点	重点	焦点	要点
	重心									

20. "有桌子""有才华"中的"桌子"和"才华"分别有多少?

"有"包含两个意思，一是表存在义，二是表具有或拥有义。"有"表存在义时指下面三种情况：

a. 空间存在

外面有一辆车。　杯子里有半杯水。

b. 领有存在

动物园有一只熊猫。　班上有二十个学生。

c. 伴随存在

鸟儿有羽毛。　人有两条腿。

"有"表具有或拥有义时是指下面两种情况：

a. 人的内在特征。如：

能力类：	能力	水平	技术	才华	才能	才干	本事	本领		
性格类：	性格	个性	脾气	人性						
思想类：	思想	知识	想法	看法	意见	意思	道理	理想	办法	头脑
精神类：	精神	风度	情绪	斗志	抱负	道德	礼貌	文化	希望	感觉
关系类：	关系	缘分	眼缘							

b. 物体的属性特征。如：

质感　分量　困难　价值　意思　好处　特点　特色　条理　问题　味儿

味道

"有"表具有或拥有义时形成的"有＋NP"结构表示大量义，如"有能力"指能力很强，"有脾气"指脾气很大，"有知识"指知识很丰富，"有道德"指道德很高尚，"有关系"指关系很多，"有分量"指分量很重，"有特点"指特点很鲜明，等等。

由以上分析可以看出，"有"表存在义时宾语为具体名词，表具有或拥有义时宾语为抽象名词。也就是说，"有"的意义其实是由宾语名词的性质决定的。因此，在"有桌子"中，"桌子"的数量可能多，也可能少，但在"有才华"中，"才华"的量一定很大。

但要注意的是，并不是任何抽象名词都能够进入"有＋NP"结构表示大量义，如表示自然存在或人类创造的具有独立主体地位的精神成果的名词"文明、科学、宗教、神灵"等都不能进入该结构表大量义。所以说，只有表示特定主体具有的内在情状特性的抽象名词才能进入"有＋NP"结构表示大量义。

第三部分 名词的情境知识

21. 名词性成分的指称特点是什么?

汉语的名词性成分在词汇形式上有不同的表现,除了光杆形式(包括普通名词、专有名词和人称代词)外,还有受数量词修饰的情况。名词在具体的语境中可以指称某一个实体、某一类实体或者无所指,所指称的某一个实体可以是确定的,也可以是不确定的。

言语行为中,说话者会根据听话者对相关实体的认识而采用不同的词汇表达形式。名词的这些不同词汇形式在具体语境中表现出不同的指称性质,甚至同一词汇形式也有不同的指称表现。两者大致对应如下表21-1所示(陈平,1987):

表 21-1 名词性成分的指称性质

词汇形式	指称性质							
	有指	无指	定指	不定指	实指	虚指	类指	单指
人称代词	+		+		+			+
专有名词	+		+		+			+
"这"+(量)+名	+		+		+		+	+
光杆普通名词	+	+	(+)	(+)	+	+	+	+
数+(量)+名	+	+	(+)	(+)	+	+	+	+
"一"+(量)+名	+	+		+	+	+	+	+
量+名	+	+		+	+	+	+	+

注:"+"表示具有该特征,"(+)"表示有条件地具有该特征。

一、有指和无指

有指成分是指名词性成分的表现对象是话语中的某个实体，而无指成分则是指名词性成分的表现对象并不是话语中的某个实体。有指成分表示实体的事物，侧重于词语的外延；无指成分表示抽象的属性，侧重于词语的内涵。如：

我昨天去超市买了很多<u>苹果</u>。（有指）

我家院子里种了很多<u>苹果</u>树。（无指）

教室外面已经站了很多<u>学生</u>。（有指）

三年的<u>学生</u>生活快要结束了。（无指）

二、定指和不定指

说话人在使用某个名词性成分时，如果预料听话人能够将所指对象与语境中某个特定的事物等同起来，与语境中其他的事物区别开来，就是定指成分；如果预料听话人不能够将所指对象与语境中某个特定的事物等同起来，就是不定指成分。如：

我<u>这辆自行车</u>才买了两个月，就坏了。（定指）

我回到家时，看到家门口停了<u>一辆自行车</u>。（不定指）

<u>学生</u>都到齐了，咱们开始上课吧。（定指）

刚才看见<u>几个学生</u>站在那儿。（不定指）

三、类指和单指

名词性成分的所指对象如果是整个一类事物，它就是通指成分；如果只是一类中的一个个体，则是单指成分。如：

其实，<u>狗</u>是不会咬人的。（类指）

家里养了<u>一只狗</u>，它从没咬过人。（单指）

这<u>男人</u>嘛，长点儿本事就来脾气了。（类指）

你家<u>男人</u>脾气大呢，少跟他计较就是。（单指）

22. 定指成分、不定指成分分别有什么样的词法和句法表现？

指称是一个语用概念，其性质是要根据具体语境或说话人对听话人的某种预期而定，所以，名词的词汇形式与其指称性质之间不存在简单的对应关系，这从表21-1中可以看出来。与定指、不定指之间的关系也是如此。

一、词汇形式

从词汇形式看，人称代词、专有名词和"这／那＋量＋名"这三类名词形式与定指成分对应，即这三类名词形式在任何情况下都表示定指；"'一'＋（量）＋名""量＋名"这两种名词形式在事件句中则只表示不定指。如：

定指：

我什么都没看见。　　　有事你尽管去找他。

鲁迅是著名文学家。　　长江是中国最长的河流。

这个人我从来没见过。　我吃过那种水果。

不定指：

班上来了一个同学。　　他手里拿着一本书。

老师让我去叫个同学。　只见他手里拿着本书。

二、句法表现

句法表现上，就事件句而言，由于句子是按照由旧信息到新信息的语序安排，所以，定指成分一般做主语，不定指成分一般做宾语。如：

那本书不知放哪儿去了。 这个人昨天来过。 ——主语

我昨天买了一本书。　　我去找个人。　　　——宾语

光杆名词的指称性质较为复杂，不能依词汇形式而定，但如果出现在事件句中的话，则基本可依句法位置而定，即：主语位置为定指，宾语位置为不定指。如：

钥匙丢了。　　车子停在外面。　　老师正在批改作业。 ——定指

我去买钥匙。　外面停了不少车子。　他在问老师呢。 ——不定指

23. 无指成分有什么样的句法表现？ ①

有指成分是指名词性成分的表现对象是话语中的某个实体，而无指成分则是指名词性成分的表现对象并不是话语中的某个实体。在实际的话语中，有指名词的作用在于引入事件的参与者，并在后续的话语中有着突出的地位，而无指名词并不引入具体的参与者。

名词在话语中的有指和无指之间的差别表现在句法上其实就是典型和非典型之间的差别。从类型学上看，典型名词的句法特征是有数的变化、有格的变化、可加冠词、可受形容词修饰等，非典型名词则不具有这样的句法特征。因此，无指成分作为非典型名词就不具有上述句法特征。

就汉语而言，无指名词在词汇形式上是光杆普通名词。句法位置上主要表现如下：

1. "是"字判断句中的宾语

充当"是"字判断句中的宾语的名词，表示主语的归属。既然是作为某个成分的归属，那就不表现为任何类别的实体，而是该类实体的属性特征。如下面句子中的"干部"和"医生"都不指称任何实体，所以，句子表示的意思是指"他在管理岗位上工作"和"她从事的是治病救人的工作"。

他是干部。   她是一个医生。

2. 定语

汉语的名词可以做定语，更为独特的是，可以直接做定语修饰另一个名词，从而构成复合名词形式。如：

木头桌子   绅士风度   雷锋精神   日本料理

这些做定语的名词在具体的语境中并不指称某一实体，而是指该名词的内在属性。如"木头桌子"是指由木头材料做成的桌子；"绅士风度"不是指绅士具有的风度，而是表示像绅士那样注重修养、尊重女性、谈吐高雅等的风度；"雷锋精神"不是雷锋的精神，而是乐于助人的精神；"日本料理"也不是指日本生

---

① 本节内容介绍主要基于张伯江（1997）。

产的料理，是按照日本那套做工生产的料理。

3. 名词中心语

名词中心语是指一个名词性结构中受到其他成分限制的名词。既然被其他成分限制，这样的名词在一般情况下是有指，但有时候也表现为无指。试比较：

他的<u>老师</u>教得好。　　　他的<u>老师</u>当得好。

他的<u>篮球</u>不见了。　　　他的<u>篮球</u>打得好。

他的<u>钢琴</u>是国产的。　　　他的<u>钢琴</u>弹得好。

左例中充当主语的中心名词都有其所指，分别表示"教他的老师们""他玩儿的那个篮球""他买的那架钢琴"这样的意思；而右例中充当主语的中心名词则无所指，并不表示"教他的老师们""他玩的那个篮球""他买的那架钢琴"这样的意思，而是指"老师角色""篮球技术""钢琴水平"这样的属性意义。

24. 类指成分的句法语义属性是什么？ ①

类指成分是相对于个体成分而言的，所指称的对象为某一个类别或集合，有时也称为通指。

一、语义上

类指成分以其非个体性而区别于其他指称义，凸显内涵而抑制外延，但不像无指成分那样只有内涵而没有外延。如：

<u>熊猫</u>吃竹子。　　　　他是我们国家的大<u>熊猫</u>。

<u>孩子</u>要听父母的话。　　他有时还很<u>孩子</u>气。

上面左例中，"熊猫"和"孩子"都是类指，句子表示的意思分别是"熊猫都爱吃竹子"和"所有的孩子都应该听他们父母的话"。右例中，"熊猫"和"孩

---

① 本节内容介绍主要基于刘丹青（2002）。

子"则是无指，在句中并不指相关实体，因为它们都只有内涵义，分别表示"稀有、重要"和"单纯、幼稚"这样的意思。

二、句法上

类指成分常做主语，类指主语适合属性谓语而排斥事件谓语。如：

熊猫吃竹子。　　　　　　熊猫吃完了这座山里的竹子。

孩子要听父母的话。　　　孩子因为没听父母的话挨批评了。

左例的谓语是属性谓语，表示其主语具有这样的属性特征。右例是事件谓语，指主语经历了这一特定事件。既然经历的是特定事件，那就只能是某些个体了，所以，右例中的"熊猫"和"孩子"并不表类指。

三、词汇形式

类指的典型形式为光杆 NP，而"一个 NP"有时也可以表示类指，但这是以个体转指类别的用法。如：

学生应该好好学习。——一个学生就应该好好学习。

客人怎么能对主人不礼貌呢？——一个客人，怎么能对主人不礼貌呢？

这里的主语虽然是"'一'＋量＋名"形式，但由于谓语是属性谓语，因此句子表示"不管是谁，只要是学生就应该好好学习"和"任何一个客人都要对主人礼貌"这样的意思。这就是以个体形式转指类别的用法。

25.　光杆普通名词的指称性质如何确定？

从表 21-1 可知，汉语光杆普通名词的指称类别最为丰富，可以是有指，也可以是无指，可以是类别，也可以是个体。但光杆普通名词的这些指称类别不像有指示词或数量词的名词短语那样有时可以依据自身的结构特征而定，如"这本书"为定指，"一本书"为不定指，它需要根据具体的语境来确定，比如进入的句子是事件句还是非事件句。

事件句是叙述一个完整的、独立的事件的句子，有实际的终止点，或者说是以陈述事件为手段进行交际的动词谓语句。如：

客人来<u>了</u>。

我吃<u>过</u>日本料理。

学校<u>正在</u>给学生们普及防火知识。

苹果我<u>昨天</u>吃完<u>了</u>。

非事件句不与具体的时间相关联，无所谓终止点。包括属性句、惯常句等。如：

水是一切生命之源。（属性句）

教师是人类灵魂的工程师。（属性句）

猫吃老鼠。（惯常句）

他每天的工作就是接接电话，发发报纸。（惯常句）

光杆普通名词的指称类别与句子性质的关联大致是这样的：

一、事件句中，光杆名词位于句首时为定指，位于句末时为不定指。

如：

<u>客人</u>来了。（定指）

<u>老师</u>正在给学生们辅导作业。（定指）

来了<u>客人</u>。（不定指）

他想娶<u>北京姑娘</u>。（不定指）

二、非事件句中，光杆名词位于句首时为类指，位于句末时为无指。

如：

<u>熊猫</u>吃竹子。（类指）

<u>鱼</u>在水里游，狗在陆地上跑。（类指）

他经常请<u>朋友</u>吃饭。（无指）

我很喜欢打<u>篮球</u>。（无指）

第四部分　语言知识习得

26. 为什么不能说"我愿望自己一年内通过 HSK5 级"?

典型错误

（1）*我愿望自己一年内通过 HSK5 级。

（2）*他经常意见我要多跟中国同学交流。

（3）*找一个好工作，过幸福的生活，去世界各地旅游，这些我都理想过。

（4）*他已经在中国生命了一年，比较了解中国文化。

原因分析

划分词类的主要标准是句法功能。名词的典型句法功能是充当主语、宾语和受数量词修饰，动词的典型句法功能是充当谓语和带体标记"了""着""过"，及物动词常带宾语。典型名词和典型动词在这些句法功能方面泾渭分明。

但有时候，词汇意义也是划分词类的一个参考标准，比如表示事物名称的是名词，表示动作行为的是动词。汉语中存在一些词汇意义相近的词，这样学生就可能会根据一个词的语法特征来推测意义相近的另一个词的语法特征，因而造成偏误。如"希望"是动词，因为"愿望"与"希望"是近义词，所以学生容易误认为"愿望"也是动词，于是就将其用作谓语并带上了宾语。因为"梦想"是动词，学生就容易误将与之近义的"理想"也看作动词，于是就带上了体标记"过"。

产生偏误的另一个原因是，汉语中的一些动词还兼有名词的功能。比如"希望"是动词，同时又兼做名词，具有名词的相关功能，虽然"愿望"是名词，但因为"愿望"与之近义，所以学生就容易误认为"愿望"也具有动词的功能。

汉语中，能同时兼做名词的双音节动词，如：

安排	安慰	保护	保证	报道	报告	表演	创造	创作	调查	斗争
发明	发展	改变	改革	改进	感觉	感冒	鼓励	号召	回答	活动
计划	记录	纪念	检查	建设	建筑	教训	解放	解释	经过	觉悟
开始	考试	联系	恋爱	练习	命令	批评	启发	认识	实验	试验
收获	收入	说明	损失	体会	通知	误会	习惯	限制	行动	姓
修改	需要	选举	要求	邀请	影响	运动	运输	主张	准备	总结
组织										

正确表达

所以，"典型错误"中偏误句的正确表达是：

（1）我的愿望是一年内通过 HSK5 级。/ 我希望一年内通过 HSK5 级。

（2）他经常给我提意见。/ 他建议我，让我多跟中国同学交流。

（3）找一个好工作，过幸福的生活，去世界各地旅游，这些我都是我的理想。

（4）他已经在中国生活了一年，比较了解中国文化。

27. 为什么不能说"留学生非常兴趣对中国文化"？

> **典型错误**
>
> （1）* 留学生非常兴趣对中国文化。
>
> （2）* 我的老师非常热情，对每一个学生都很友谊。
>
> （3）* 来中国后，最难题的事情是每天挤地铁上学。
>
> （4）* 在背后说别人的坏话，这是不品德的。

原因分析

名词有时候还容易和形容词相混淆。名词和形容词在句法功能上的最大不同就是能否受程度副词或否定副词修饰，形容词能够受程度副词和否定副词修饰，而名词不能。留学生误将名词当成形容词的原因主要有三个：

一是词汇意义。汉语中有些词，虽然它们的词汇意义相近，但语法特征却相差很大。比如"友谊"和"友好"的意义有相近之处，不过，"友谊"是名词，而"友好"是形容词。学生在已经掌握"友好"是形容词的情况下，可能会将意义相近的"友谊"也看作是形容词而造成偏误。

二是词语兼类。汉语中有这样一些词，它们既是名词，同时又兼做形容词，如"困难"，而"难题"一词的意义与"困难"相近，这样，学生会由此类推出名词"难题"也兼有形容词的功能。能够兼做形容词的名词如下：

理想　礼貌　传统　机械　规矩　道德　模范　危险　困难　矛盾
光明　幸福　保险　先进　错误　方便　科学　民主　主观　客观

三是英语迁移。英语是一种有形态变化的语言，当一个名词做形容词时，通常需要添加相应的形容词性后缀或者删除相应的名词性后缀，如：interest—interesting、friendship—friendly、difficulty—difficult、morality—moral；而汉语缺乏形态变化，名词兼做形容词时并不发生形态改变。所以，学生特别是母语为英语的学习者很容易认为，汉语的名词后面加上"的"就变成形容词了，并由此出现如下偏误：

*每天和中国朋友聊天儿是一件兴趣的事情。

*他总是用友谊的态度对待每一个人。

正确表达

所以，"典型错误"中偏误句的正确表达是：

（1）留学生对中国文化非常感兴趣。

（2）我的老师非常热情，对每一个学生都很友好。

（3）来中国后，最大的难题是每天挤地铁上学。

（4）在背后说别人的坏话，这是不道德的。

28. 为什么不能说"他虽然已经成家了，但还是孩子的脾气"？

典型错误

（1）*他考试时总是很紧张，所以心理的素质还要提高。

（2）*他虽然已经成家了，但还是孩子的脾气。

（3）*我在邮局工作，妈妈在附近学校教书。

（4）*前面是新华书店，我想进去看一下书价格是多少。

原因分析

从普遍意义上讲，各种语言中的名词都可以做定语，区别就在于是否需要添加相关标记。比如英语和汉语中名词做定语的情况：

student's homework   the leg of the chair   wooden table   psychological quality

学生的作业   椅子的脚   木头桌子   心理素质

可见，英语中名词做定语一般需要添加相关标记，如添加领格标记 's 或 of，或者形容词化（后加-en 或-cal），而汉语中名词做定语时，有的需要加定语标记"的"，有的则可以直接做定语而不需要添加标记。这是造成偏误的重要原因。

那么，汉语名词做定语，什么时候加"的"？什么时候不加"的"？有没有内在规律呢？有，我们可以借助认知语言学中的"距离象似性"来解释。简单地说就是，如果定语名词与中心语名词之间的语义关系密不可分，就不加"的"；如果定语名词与中心语名词之间的语义关系较为松散，可以分离，就需要加"的"。这样，就可以把"的"看作是定语和中心语之间关系远近的一个标志。

（1）不加"的"的名词定语

质料：玻璃杯子 橡胶轮胎 柏油马路 棉布衣服

功用：交通地图 会议场所 战略部署 旅游计划

属性：足球水平 英语成绩 思维能力 技术问题

比况：牛脾气 钢铁意志 松柏精神 木头脑子

当做定语的名词表示中心语名词的质料、功用、属性和比况意义等时，由于它们之间的关系紧密，所以不需要加"的"。留学生如果不明白这一点就容易出现偏误，如上述错误中的"心理的素质"和"孩子的脾气"。"心理"是"素质"的属性意义，表示心理方面的素质；"孩子"是"脾气"的比况意义，表示像孩子一样的脾气。

（2）加"的"的名词定语

时间：上午的事情　刚才的情况　未来的前途　明年的任务

处所：附近的村庄　远处的山峰　街上的小贩　公司的位置

领有：家里的粮食　学校的建筑　桌子的台面　老师的教案

当做定语的名词表示中心语名词的时间、处所、领有等意义时，它们之间的关系较为松散，所以需要加"的"。如上述错误中的"附近学校"和"书价格"。"附近"是"学校"的处所，"价格"归属于"书"的某一方面。

正确表达

所以，"典型错误"中偏误句的正确表达是：

（1）他考试时总是很紧张，所以心理素质还要提高。

（2）他虽然已经成家了，但还是孩子脾气。

（3）我在邮局工作，妈妈在附近的学校教书。

（4）前面是新华书店，我想进去看一下书的价格是多少。

29. 为什么不能说"我决定去见老师明天"？

原因分析

汉语名词有时候可以做状语，而大多数语言中的名词不能做状语。比如英语，除了 today、yesterday 和 tomorrow 等时间名词外，通常是名词和介词组成介宾结构后才能做状语。另外，汉语的名词做状语时只能位于动词前面，而英语的介宾结构做状语要位于句末。如：

I decide to meet my teacher tomorrow.

I always contact with my mom by WeChat after getting into college.

正因为如此，外国学生经常会出现类似的偏误现象，即当表示时间、处所、方式等的成分用来修饰动作时，将名词和介词组成介宾结构并置于句子末尾，如：

* 我喜欢看书<u>在晚上</u>。

* 外面很冷，咱们说话<u>在屋里</u>吧。

* 有什么事的话，我们联系<u>用电话</u>。

* 他每天都洗澡<u>用冷水</u>。

汉语的名词虽然可以做状语，但是要受到限制：一是只有表示时间、处所和方式等的名词能直接做状语，其他名词不能直接做状语；二是这些名词做状语时只能位于动词前面，而不能置于句子末尾。如：

时间名词：你明天去，我们后天去。

处所名词：这个房间上面储物，下面住人。

普通名词：你可以电话联系他。

表物名词：*教室里，桌子放书，椅子坐人。

表人名词：*在外面，他见到人就叔叔称呼。

不过，如果同一个语义场中两个以上的名词连用并加上"地"，就可以做状语了。如：

他工作很忙，长年北京上海地跑。

小王见人就大哥大姐地叫，挺讨人喜欢。

正确表达

所以，"典型错误"中偏误句的正确表达是：

（1）我决定明天去见老师。

（2）上大学后，我和妈妈经常用微信 / 微信联系。

（3）昨天晚上，我在电视上观看了世界杯足球决赛。

（4）他一回家就爷爷奶奶地叫个不停。

30. 为什么不能说"春节下周六"？

典型错误

（1）*这个人理论。

（2）*我昨天见到的那个外国人眼睛。

（3）*春节下周六。

（4）*出租车司机他爸爸。

原因分析

相对于其他语言，能够做谓语也是汉语名词的一大特征。比如英语名词是不能做谓语的，如果某一名词要表达它和主语名词之间的某种关系，需要用系动词 be 连接。如：Today is Wednesday、They are foreigners。但是，汉语名词做谓语也不自由，通常要受到以下三方面的制约。

第一，类型限制。即不是任何名词都可以做谓语，比如抽象名词、事物名词等就不能做谓语。如：

抽象名词：*我们班的那位同学<u>成绩</u>。　　*和中国人相比，西方人<u>观念</u>。

事物名词：*这位男同学<u>头发</u>。　　*这都不知道？你这个人<u>脑子</u>。

第二，语义限制。能做谓语的名词和做主语的名词形成主谓关系，这种句法上的主谓关系在语义上主要表现为"成员—范畴"关系和"整体—部分"关系。

成员—范畴关系：桌子长方形。　　那位女孩儿大学生。

整体—部分关系：桌子四条腿。　　那位女孩儿长辫子。

形状为长方形的物体有很多，桌子是其中之一，就是说，长方形作为一个形状范畴，桌子是其中的一个成员，因而两者形成"成员—范畴"关系。同样，"那位女孩儿"是一个个体，"大学生"是一个类别，个体与类别之间的关系就是"成员—范畴"关系。另外，桌子都有腿，这是常识，因此，腿是桌子的构成部分，桌子和腿就是"整体—部分"关系。女孩儿通常有辫子，辫子是女孩儿身体上的一个部分，女孩儿和辫子就形成"整体—部分"关系。

外国学生因为不清楚这种内在的语义关系而产生如下偏误：

*大学教授这位先生。　　*浙江人鲁迅。

*两个洞这件衣服。　　*蓝封面口语课本。

"大学教授"和"这位先生"、"浙江人"和"鲁迅"之间在语义上都是"范畴—成员"关系，"两个洞"和"这件衣服"、"蓝封面"和"口语课本"之间则都是"部分—整体"关系，而这样的语义关系不符合名词与名词形成主谓关系的语义要求。

第三，语用限制。有时候，做主语的名词和做谓语的名词在语义关系上符合相关要求，但句子还是不能成立。如：

*三毛头上头发。　　*他这个人脑子。

语义上，"三毛"和"头发"、"他"和"脑子"之间都是"整体—部分"关系，句子不成立的原因是不符合语用要求。

从语用上看，汉语句子的主语、谓语之间是一种"话题—说明"的关系，主语是话题，谓语是对话题进行说明。因此，主语常常是确定的事物，谓语常常是不确定的事物，或者为主语提供某些新信息。上述偏误虽然语义上构成"整体—部分"关系，但语用上，谓语"头发"并没有为主语"三毛"提供任何新信息，"脑子"也没有为"他"提供新信息。

作为"部分"的谓语名词要给作为"整体"的主语名词提供新信息，办法有两条：一是添加数量词，二是增加形容词词性的修饰语。如：

增加数量词：桌子<u>三条</u>腿。   三毛头上<u>三根</u>头发。

增加修饰语：小丫<u>大长</u>腿。   他这个人<u>死</u>脑子。

倘若对名词和名词形成主谓关系的条件进行更进一步的概括，上述的句法、语义限制其实都可以归结为语用限制，即名名主谓关系就是"话题—说明"关系，话题是确定的旧信息，说明是不确定的新信息。如：

*浙江人鲁迅。——鲁迅浙江人。

*星期三今天。——今天星期三。

虽然"浙江人"和"鲁迅"都是专有名词，但相对而言，"鲁迅"的强个体性特征更容易做主语；"星期三"和"今天"都是时间名词，但对于说话人来说，"今天"的确定性高于"星期三"，所以"今天"应做主语。

正确表达

所以，"典型错误"中偏误句的正确表达是：

（1）这个人理论家。

（2）我昨天见到的那个外国人蓝眼睛。

（3）下周六春节。

（4）他爸爸出租车司机。

31. 为什么不能说"他刚来的时候，意见很大"？

典型错误

（1）* 他刚来的时候，意见很大。

（2）* 那里的印象不好，都不想去了。

（3）* 他是老师，方面很有经验。

（4）* 时期要做好吃苦的准备。

原因分析

我们说单音节名词在使用时不太自由，并不意味着双音节名词在使用时就非常自由，因为有些双音节名词在具体运用时也受到限制，即不能单独出现在句中，而是需要与其他名词共现。其中，一些名词需要与其他两个名词一起共现才能表达一个完整的意思，如：

* 昨天，意见很大。——昨天，大家对他的意见很大。

* 今天来了一位新同学，大家的态度很友好。——今天来了一位新同学，大家对他的态度很友好。

* 那里的印象不好，都不想去了。——大家对那里的印象不好，都不想去了。

* 感情很深，我永远忘不了她。——我和奶奶之间的感情很深，我永远忘不了她。

像"意见、态度、印象、感情"等这样的名词，单独使用时表意不足，与另一个名词共现时表意也还不足，需要与两个名词共现，这样的名词称为二价名词，使用格式为"A 对 B 的 N$_{二价}$"或"A 和 B 的 N$_{二价}$"，如以上横线右侧的例子。

汉语中也有一些名词，它们需要与另外一个名词共现才能表达一个完整的意思，如：

* 他是老师，方面很有经验。——他是老师，教学方面很有经验。

* 时期要做好吃苦的准备。——困难时期要做好吃苦的准备。

*我觉得<u>性格</u>很好。——我觉得他的性格很好。

*<u>脾气</u>很怪，不好相处。——他的脾气很怪，不好相处。

像"方面、时期、性格、脾气"等名词在使用时需要和另外一个名词共现，这样的名词称为一价名词，常用格式为"N₁N一价"或"N₁的N一价"，如以上横线右侧的例子。

可见，汉语中名词的价不同，其具体的句法表现也不一样。

正确表达

所以，"典型错误"中偏误句的正确表达是：

（1）他刚来的时候，大家对他的意见很大。

（2）大家对那里的印象不好，都不想去了。

（3）他是老师，教学方面很有经验。

（4）困难时期要做好吃苦的准备。

32. 为什么不能说"我的汉语水平达到了程度"？

典型错误

（1）*我的汉语水平达到了程度。

（2）*我不听话的时候，妈妈露出了表情。

（3）*说到弟弟，我最喜欢样子了。

（4）*来到中国后，我到处看到了景象。

原因分析

做宾语是名词的典型句法功能之一，但部分名词做宾语时还是要受到一定的限制，比如抽象名词。抽象名词之所以抽象，就是因为它们的语义具有不确定性，因此常常需要借助相关修饰语才能显示出其具体的内涵。比如"程度、表情、样子、景象"在《现代汉语词典》（第7版，中国社会科学院语言研究所词典编辑室编，下同）中的词义解释是：

【程度】①文化、教育、知识、能力等方面的水平；②事物变化达到的状况。

【表情】表现在面部或姿态上的思想感情。

【样子】①形状；②人的模样或神情；③作为标准或代表，供人看或模仿的事物；情势。

【景象】①现象；②状况。

可以看出，这些词语的意义并不具体，所以常需要伴随修饰语才能明确意义。如：

文化 / 教育 / 不同 / 一定 / 很大程度

愉悦 / 欣喜 / 痛苦 / 愤怒的表情

可爱 / 憨厚 / 活泼 / 痛快 / 难过 / 笨拙的样子

太平 / 欣欣向荣 / 破旧 / 残败不堪的景象

抽象名词词义的不确定性也导致了它们在充当句法成分时不自由，如虽然可以做宾语，但不能由光杆形式充当。上述偏误中，都是由光杆抽象名词充当宾语。

产生这类偏误的原因是语法规则的过度泛化。名词的典型功能之一是做宾语，但要注意的是，如果是抽象名词，那就要添加一定的修饰语，因为抽象名词在句中具有较强的修饰语依赖性；如果从语用角度看，宾语是一个句子的焦点位置，焦点包含着更多的信息，而语义空泛的词语是不能提供焦点信息的。

正确表达

所以，"典型错误"中偏误句的正确表达是：

（1）我的汉语水平达到了一定的程度。

（2）我不听话的时候，妈妈露出了不开心的表情。

（3）说到弟弟，我最喜欢他那可爱的样子了。

（4）来到中国后，我到处看到了生机勃勃的景象。

33. 为什么不能说"王打算明天去北京"？

典型错误

（1）* 王打算明天去北京。

（2）* 我刚才在街上看见明了。

（3）* 小孩子们都向往美丽的天。

（4）* 我喜欢高山和海。

原因分析

现代汉语中虽然有单音节名词，但只占极少数，最常用的如"人、山、水、风、雨、书、饭、酒、门、家"等，大多数名词以双音节为主。又由于现代汉语词语的双音化趋势，那些常用的单音节名词在具体使用时也受到限制。

汉语的姓和名虽然都是名词，但使用极受限制。姓有单姓和双姓（"欧阳、端木、上官、司马、诸葛、尉迟、皇甫、司徒、公孙"等），名有单名和双名，只有双名和双姓使用自由，可以独立充当句法成分，而单姓和单名不能自由使用。如：

你知道欧阳昨天去哪儿了吗？——* 你知道王昨天去哪儿了吗？

你知道志明昨天去哪儿了吗？——* 你知道明昨天去哪儿了吗？

如果是单姓和单名，则需要通过一定的构词手段形成双音节才能进入句法，如添加词缀或类词缀。如：

你知道老王 / 小王昨天去哪儿了吗？

你知道大明 / 小明 / 阿明昨天去哪儿了吗？

即使是常用的单音节名词在使用中也不太自由，比如受定语修饰充当中心语的时候多用双音节，再比如在并列结构中也常用双音节。

上述偏误产生的原因一是误认为只要是词语就能够自由使用，而没有注意到音节的制约性；二是受印欧语等语言的影响，以为姓和名都可以自由使用，如：

Do you know where Wang went yesterday?

Do you know where Ming went yesterday?

正确表达

所以，"典型错误"中偏误句的正确表达是：

（1）老王打算明天去北京。

（2）我刚才在街上看见小明了。

（3）小孩子们都向往美丽的天空。

（4）我喜欢高山和大海。

34. 为什么不能说"他们一个家有五口人"？

典型错误

（1）*这个国家三面都是海洋。

（2）*中国的东边是海。

（3）*他们一个家有五口人

（4）*我下班以后就回家庭了。

原因分析

有些双音节名词是在原有单音节名词的基础上通过添加一个语素复合而成的，如"山峰、河流、海洋、家庭"分别是单音节名词"山、河、海、家"与另一个语素复合构成，可称为同素词。同素单、双音节名词有的意义基本类似，有的意义差别较大，留学生在习得时会出现不同程度的偏误情况。

1.意义类似

少数情况下，同素单、双音节名词之间的意义较为近似。如：

【嘴】口的通称。　　　　　　【嘴巴】嘴；嘴部附近的位置。

【书】装订成册的著作。　　　【书籍】书（总称）。

"嘴"和"嘴巴"的意义一致，差别在于书面语和口语的不同；"书"和"书籍"的意义也基本一致，不同之处是"书籍"只表示书的总称，而"书"还可以单指。

2.意义有别

大多数时候，同素单、双音节名词之间意义有别。根据《现代汉语词典》，

"海"和"海洋"、"家"和"家庭"的释义分别为：

【海】大海靠近陆地的部分，有的大湖也叫海，如青海、里海。

【海洋】地球表面连成一体的海和洋的统称。

【家】家庭；家庭的住所。

【家庭】以婚姻和血统关系为基础的社会单位。

可以看出，虽然是同素，但两两之间的意义差别还是较为明显的。"海"和"海洋"之间的差别在于范围大小不同，"海"只是组成"海洋"的一个部分；而"家"和"家庭"之间意义存在交集，都可以作为某一群体的度量单位，但"家"还可以指处所。另外，当它们受数量词修饰时，"家"只表处所义。

上述偏误产生的原因主要在于没有注意分辨词语之间的细微差别。所以，不能将同素的单、双音节名词的意义混同起来。

正确表达

所以，"典型错误"中偏误句的正确表达是：

（1）这个国家三面都是海。

（2）中国的东边是海洋。

（3）他们一家有五口人。

（4）我下班以后就回家了。

35. 为什么不能说"对中国人来说，春节是最重要的节"？

典型错误

（1）* 对中国人来说，春节是最重要的节。

（2）* 这个国的人口很多。

（3）* 在我国家，人们非常重视对孩子的教育。

（4）* 刚来中国的时，我一句汉语都不会说。

原因分析

有些单、双音节名词的意义基本相同，不易区分，如：

报—报纸 脖—脖子 城—城市 春—春天 道—道路 地—地方 店—商店

冬—冬天 发—头发 房—房间 国—国家 海—大海 季—季节 街—街道

节—节日 路—道路 名—名字 命—生命 命—性命 秋—秋天 声—声音

时—时候 时—时间 事—事情 数—数目 味—味道 月—月亮 种—种类

这也并不能说明它们之间的用法就无异。其实，即使意义相同的词语，它们在使用时的自由度不同，音节搭配上受到的限制也不同。

一是能否自由运用上。单音节名词一般不能独立充当句子成分，需要附在其他词语后面；双音节名词可以自由运用并独立充当句子成分。如：

*对中国人来说，春节是最重要的节。——对中国人来说，春节是最重要的节日。

*刚来中国的时，我一句汉语都不会说。——刚来中国的时候，我一句汉语都不会说。

*改革开放以后，这座小城里到处是店。——改革开放以后，这座小城里到处是商店。

*刚才看到地上掉了很多发。——刚才看到地上掉了很多头发。

二是音节搭配上。同义的单、双音节名词在与其他名词搭配时要受到韵律制约，一般形成"1+1"和"2+2"结构，而"1+2"和"2+1"结构则难以成立（三音节的专有名词如"中秋节"等不属于此类情况）。如：

*这个国的人口很多。——这个国家的人口很多。

*在我国家，人们非常重视对孩子的教育。——在我国，人们非常重视对孩子的教育。

*这是我的家事情，不要你管。——这是我的家事，不要你管。

*学校事很多，我得赶紧处理。——学校事情很多，我得赶紧处理。

上述情况是由汉语词语的音节或韵律特征决定的，外国学生习得难度较大，经常出现偏误也属正常。

正确表达

所以，"典型错误"中偏误句的正确表达是：

（1）对中国人来说，春节是最重要的节日。

（2）这个国家的人口很多。

（3）在我国，人们非常重视对孩子的教育。

（4）刚来中国的时候，我一句汉语都不会说。

36. 为什么不能说"我们班里有十五学生"？

典型错误

（1）* 我们班里有十五学生。

（2）* 这本听力书四十二钱。

（3）* 他来中国已经一个年了。

（4）* 今天上午有四节课，一节课四十五个分钟。

原因分析

汉语是一种量词型语言，即数词要先和量词组成数量短语后才能修饰名词。虽然古代汉语中，数词可以直接修饰名词组成"数名"结构，如"两小儿辩日"和"一狼得骨止，一狼仍从"等，但发展到现代汉语，数词就不可以直接修饰名词了，必须添加量词组成"数量名"结构，如"两<u>个</u>小孩""一<u>匹</u>狼""三<u>本</u>书""五<u>斤</u>大米"等；只有在极少数保持书面语表达的场合中才出现"数名"结构，不过，这仍属于古代汉语的语法现象，如新闻报道中就常出现：

近日，华东地区<u>六省一市</u>遭遇罕见的高温天气。

球队今天的进攻酣畅淋漓，其中，<u>五人</u>得分上双。

<u>八国</u>集团领导峰会将在北京举行。

另外，要特别注意的是，汉语中有一类表示时间的词语如"年、月、日

（天）、小时、分钟、秒钟"等，虽然同属于时间范畴，但句法表现的差别较大。如：

学了三年汉语——＊学了三月汉语——学了三天汉语

看了两小时书——看了两分钟书——看了两秒钟书

由"数量名"结构可知，"年、日（天）、小时、分钟、秒钟"等是量词，"月"不是量词，只能做名词。另外，"小时"还可以做名词，如"一天有二十四个小时"。名词可以受量词修饰，而量词只能修饰名词。

上述偏误在于，数词直接与名词组合而没有添加量词，或者本身就是量词却再用量词来修饰。

产生上述偏误的原因一是受非量词语言的影响。非量词语言如印欧语中，数词与名词是直接组合的，所以学习者将这一规则迁移到汉语中来。如：

There are five people in my family.

A thin listening book costs forty-two dollars.

二是目的语规则的泛化。学习者没有正确掌握汉语时间词语内部其实是分为时间名词（"月、小时"）和时间量词（"年、日、分钟、秒钟"）两类的，误将时间量词看成时间名词，从而添加其他量词修饰语。

正确表达

当表达汉语名词的数量义时，不能只用数词，而必须增加量词。若碰到时间词语，则要注意区分："年、日、分钟、秒钟"等是时间量词，不能受其他量词修饰。

所以，"典型错误"中偏误句的正确表达是：

（1）我们班里有十五个学生。

（2）这本听力书四十二元／块钱。

（3）他来中国已经一年了。

（4）今天上午有四节课，一节课四十五分钟。

37. 为什么不能说"教室外面放着一张椅子"？

典型错误

（1）*教室外面放着一张椅子。

（2）*多听多说是提高语言水平的一个方法。

（3）*他是一类不爱学习的人。

（4）*我下午想去商店买一个扑克牌。

原因分析

汉语中，数词不能直接修饰名词，需要增加相应的量词，但不是增加任意一个量词都可以，而是要受到所修饰名词的语义特征的制约。

根据所修饰的名词的相关特征，汉语量词大致可以分为以下几个小类：

个体量词：个　本　条　张　只　支　台　碗　杯

类别量词：种　类

集合量词：套　副　双　对　组

个体量词修饰的名词可以以个体的形式存在，常为实体名词，如"书、杯子、电脑、钢琴、米饭"等；类别量词修饰的名词分不出个体，只能以类别的形式存在，一般为抽象名词，如"精神、方法、行为、能力、作风"等；集合量词修饰的名词虽然可以表现为个体，但必须以集合的形式存在，如"家具、耳环、袜子、夫妻、拳术"等，"家具"必须包括桌子、椅子、床，"耳环"必须成双出现。

现在分析上述偏误情况。"椅子"是以个体的形式存在的，受个体量词修饰，虽然"椅子"和"桌子、凳子、沙发、床"等同属于家具类，但和后者的平面特征凸显不同，"椅子"凸显的特征是用手把持的状态，所以量词用"把"，而凸显平面特征的名词是用量词"张"。

有些名词以个体形式存在，如具体名词，但有些名词以类别形式存在，如抽象名词，抽象名词因为分离不出具体的个体而不能受个体量词修饰，像"方法、精神、道德、行为"等，只能受类别量词"种、类"等修饰。

当"人"以个体形式存在时，可以受个体量词修饰；但有时也以类别形式存在，如可以根据不同的职业、兴趣、行为、观念等将人分成不同类别，这时就要受类别量词修饰。句中的"他"是个体，"一类不爱学习的人"是类别，两者不可等同。

一副扑克牌有五十四张，少一张都不能形成游戏，因此"扑克牌"是以集合的形式存在的，只能受集合量词修饰。除非是在游戏进行中，可以以发牌单位"张"来计算。

产生上述偏误的原因主要是对汉语规则的掌握不牢固。另外，也有量词"个"泛化的影响，即用"个"代替一切量词。量词是汉语教学与习得的难点，要掌握汉语量词的使用规律，除了要了解量词本身的量性特征外，还必须结合所修饰名词的相关语义特征。

正确表达

所以，"典型错误"中偏误句的正确表达是：

（1）教室外面放着一把椅子。

（2）多听多说是提高语言水平的一种方法。

（3）他是一个不爱学习的人。

（4）我下午想去商店买一副扑克牌。

38. 为什么不能说"我的一个中国朋友是 180cm 身高"?

典型错误

(1)＊我的一个中国朋友是 180cm 身高。

(2)＊如果汽车每小时超过 100 公里速度，就要被罚款。

(3)＊我知道，有一类人民就是喜欢看别人的笑话。

(4)＊夏天的晚上，星星总是布满了一个天空，非常漂亮。

原因分析

汉语中，绝大多数名词都能受数量词修饰，但也有少数名词不能受任何数量词修饰。能受数量词修饰的名词，它们可以以个体或类别的形式存在；不能受数量词修饰的名词，或者本身就表示数量意义，或者只作为整体形式出现而区分不出个体或类别，再或者，自身所指对象为唯一事物而不能被量化。

"身高"指身材的高度，"速度"指单位时间内物体运动的快慢程度，两者本身都包含数量意义，就不能用数量词修饰了。其他如"体重、长度、深度、重量、容量"等。这类词语虽然不能受数量词直接修饰，但因为它们表示的是某一具体的数量意义，所以还是可以和数量词组合，组合的方式可以为主谓结构，也可以为定中结构。如：

主谓结构	定中结构
他十八岁了，体重才 30 公斤。	他十八岁了，才 30 公斤的体重。
这个杯子的容量为 500 毫升。	这个杯子是 500 毫升的容量。

需要注意的是，数量词修饰这类词语时必须带"的"，这与数量词直接修饰名词组成的"数量名"结构的性质完全不同。后者是对名词进行个体化或类别化，而前者是对名词的数量加以说明。如：

数量名（分类）	数量＋的＋名（说明）
30 公斤大米	30 公斤的体重
500 毫升水	500 毫升的容量

"人民"一词是指对人的总称，表示总称的名词也无法用数量词来进行个体化或类别化。这样的词语再如"车辆、船只、马匹、书本"等，我们不能说"＊一辆车辆、＊一艘船只、＊一匹马匹、＊一套书本"。

"天空"所表示的对象在自然界中具有唯一性，所以根本就不存在用数量词来进行个体化或类别化的前提。类似的如"长城、北大、鲁迅"等，我们不能说"＊一条长城、＊一所北大、＊一个鲁迅"等。

产生上述偏误的原因就是目的语规则的泛化。因为受数量词修饰是汉语名词的典型特征，所以学习者在使用名词时都倾向于添加数量词，而没有正确区分哪些名词不能受数量词修饰，以及这些名词具有什么样的语义特征。

正确表达

所以，"典型错误"中偏误句的正确表达是：

（1）我的一个中国朋友身高是 180cm。

（2）如果汽车的行驶速度超过每小时 100 公里，就要被罚款。

（3）我知道，有一类人就是喜欢看别人的笑话。

（4）夏天的晚上，星星总是布满了天空，非常漂亮。

39.　为什么不能说"我们班有二十个学生们"？

典型错误

（1）＊我们班有二十个学生们。

（2）＊今天早上起床的时候，我听到了鸟儿们在叫。

（3）＊除了苏珊以外，别的同学们都来了。

（4）＊我在这里很开心，因为我的中国朋友们经常帮助我。

原因分析

在形态丰富的语言中，名词有性、数、格等形态变化，而汉语是一种缺乏形态的语言，所以名词也不具有这样的形态变化。但有一个例外情况，就是汉语有一个表示复数的语法意义的词汇形式"们"，加在名词后面表示复数意义。不过，"们"的这种表复数语法意义的用法要受到较大限制：一是只能用在指人的名词后面；二是不能与数量词同现。当然，指人的专有名词因为是单数意义就不能加复数标记"们"了。如：

孩子们　同学们　教授们——*鸟儿们　*桌子们　*书们

两个孩子　三个教授——*两个孩子们　*三个教授们

张老三　李大力　马琳娜——*张老三们　*李大力们　*马琳娜们

在表示数的观念上，汉语和有形态变化的语言各自采用不同的表现手段。有形态变化的语言，词汇形式（数词）和语法形式（数的标记）相互制约，且要表现为一致性关系，如"a book、three students、five women"等。即：如果是单数，名词后就不能加复数标记 s；如果是复数，名词后就要加复数标记 s 或改变相应的语法形式来表达复数意义（如将 man 改为 men）。汉语因为没有数范畴标记，所以只用词汇形式（数量词和表复数意义的"们"）来表示数的观念，如"一本书、三个学生、五个女人"，或者是"书、学生们、女人们"。但是，汉语的这两种表数的词汇形式不能同时出现，如不能说"*三个学生们、*几个女人们"。

另外，如果指人名词前面有其他限定性词语，后面也不能出现表复数意义的"们"，如不能说"*班里的同学们、其他的客人们"等，因为这些限定性成分的作用就是区分出名词的类别来。既然已经区分出了类别，就不能再添加复数标记了。

产生这类偏误的原因是数范畴语言负迁移。因为在数范畴语言中，可数名词在表达复数意义时都需要用复数形式来表示。如：

There are twenty students in our class.

All the students had come except Susan.

I'm very glad because my Chinese friends often help me.

正确表达

要避免这类错误的产生，就要树立语言类型观念的意识。数范畴语言讲究形式和意义的一致性，当表达复数意义时就必须采用相应的语法形式，如名词后加复数标记 s；汉语不是数范畴语言，表达复数意义时采用的是词汇形式，如名词前加数量词，而有复数意义的"们"不能与数量词同现。所以，汉语的"们"算不上严格意义上的复数标记。

所以，"典型错误"中偏误句的正确表达是：

（1）我们班有二十个学生。

（2）今天早上起床的时候，我听到了鸟儿在叫。

（3）除了苏珊以外，别的同学都来了。

（4）我在这里很开心，因为我的中国朋友经常帮助我。

40. 为什么不能说"这句话说得有很多道理"？

典型错误

（1）* 这句话说得有很多道理。

（2）* 他有很多风度，不会和其他人计较。

（3）* 这个动物园里很有长颈鹿。

（4）* 他很有学生从事教育事业。

原因分析

汉语里，"有＋名词"这一动宾结构可以表达不同的意义。如：

第一组：有房子　有衣服　有动物　有树叶　有孩子

第二组：有道德　有思想　有水平　有礼貌　有价值

第一组表示存在某物的意思，只是客观地表达存在什么，第二组表示拥有某物的意思，除了表达拥有外，还包含程度高的意思。很明显，意义的不同是由名词的特征造成的，第一组中的名词意义具体，第二组中的名词意义抽象。

"很"是一个程度副词，常修饰带有程度义的形容词，如"很干净、很清楚、很简单"等，虽然第二组"有＋名词"为动宾结构，但因为包含程度义，所以也能受"很"修饰，如"很有道德、很有思想、很有水平"等。而第一组的"有 + 名词"结构因为只表达客观存在义，不包含程度义，所以就不能受"很"修饰。

"很多"指数量多的意思，要求修饰的名词包含数量义，一般只有表示具体意义的名词包含数量义，可以受"很多"修饰，如第一组中的名词，可以说成"有很多房子、有很多衣服、有很多孩子"等；而第二组中的名词因为表示抽象义而不能受"很多"修饰。

上述偏误产生的原因一是没有正确区分"有很多"和"很有"的表义差别，即前者表数量义，后者表程度义，二是没有正确区分名词意义的具体与抽象之间的差别。

注意："道理、办法、意见、思想、知识、看法"等表示想法的这一类名词较为独特，它们既有数量义，又有程度义，因此，可以受"很多"修饰，也可以组成"有 + 名词"结构后受"很"修饰，当然表义上有差别：前者指数量多，后者指程度高。因此，偏误第一例的问题在于，这是一个表示状态的述补结构，补语应该由程度性的成分充当。

正确表达

所以，"典型错误"中偏误句的正确表达是：

（1）这句话说得很有道理。/ 这句话包含了很多道理。

（2）他很有风度，不会和其他人计较。

（3）这个动物园里有很多长颈鹿。

（4）他有很多学生都从事教育事业。

第五部分　百科知识习得

41. 为什么不能说"很多学生坐在教室"?

典型错误

（1）*很多学生坐在教室。

（2）*在黑板写着两行大大的汉字。

（3）*中国最高的建筑在上海里。

（4）*中国大部分人口在以北长江。

原因分析

方位词是汉语名词中的一个小类，其作用是附加在名词后面与名词组成方位短语表示具体的位置，如"桌子<u>上</u>、书包<u>里</u>、校门<u>外</u>、火车站<u>南边</u>"等中的方位词就是指示名词所表示物体的相关位置。

当然，方位词也不是能附加在任何名词之后，它与普通名词组合时不受限制，但不能与专有处所名词组合，与专有地名组合时受限制，即：只能与表示名词所指处所范围之外的方位词组合，如"旁边、外面、以南"等，不能与表示名词所指处所范围之内的方位词组合，如"里、内、上、下"等，因为专有地名本身就涵盖了相关范围。

上述例（1）的偏误在于遗漏了方位词，因为"教室"是普通名词，需要加上方位词才能表示位置义。产生这类偏误的原因是母语负迁移，因为英语的介宾结构就可以表示方位。如：

There are many students in the classroom. —— 很多学生坐在教室<u>里</u>。

There is a picture on the wall. —— 一幅画挂在墙<u>上</u>。

例（2）的偏误与例一类似，也是遗漏了方位词。另外，还有一个问题是，汉语中介宾短语或介词框架不能做句子的主语，但方位短语可以，比如存在句的主语就是如此。偏误的原因是没有掌握好目的语规则。

例（3）的偏误在于误加了方位词，因为"上海"是专有地名，本身就能表示相关范围。偏误原因是目的语规则泛化，因为普通名词需要添加方位词才能表示范围或处所，于是学习者过度类推而以为任何名词都需要添加方位词才能表示范围或处所。试比较：

我的钱存在银行里。—— * 中国最高的建筑在上海里。

大学里有很多留学生。—— *北京大学里有很多留学生。

例（4）的偏误在于错序，汉语的方位短语是"名词 + 方位词"。偏误产生的原因是英语负迁移，因为英语的方位短语是方位词位于名词之前。如：

He is standing in the front of the classroom. —— 他正站在教室前面。

Beijing is located in the north of China. —— 北京位于中国的北边。

正确表达

所以，"典型错误"中偏误句的正确表达是：

（1）很多学生坐在教室里。

（2）黑板上写着两行大大的汉字。

（3）中国最高的建筑在上海。

（4）中国大部分人口在长江以北。

42. 为什么不能说"那是银行，邮局在它的后"？

典型错误

（1）* 那是银行，邮局在它的后。

（2）* 我带回来一个包裹，里有你要的东西。

（3）* 门旁边站着一个人。

（4）* 有一只鸟飞到树上面了。

原因分析

方位词包括单音节方位词和双音节方位词两类，二者在使用时的自由度不一样：单音节方位词一般不能单独使用，需要与名词组成方位短语后才能充当句子成分，除非是在对举格式中才可以单独使用；而双音节方位词则比较自由，可以单独充当句子成分。如：

*上是刚刚买回来的书。	*刚刚买回来的书放在上。	【单音节方位词】
桌子上是刚刚买回来的书。	刚刚买回来的书放在桌子上。	【名词＋方位词】
上有天堂，下有苏杭。	前怕狼后怕虎。	【对举格式】
上面是刚刚买回来的书。	刚刚买回来的书放在上面。	【双音节方位词】

由于方位词有单、双音节的区分，所以当它们与其他名词组成方位短语（即"名词＋方位词"）时，受汉语词语的双音化趋势以及词语组配的韵律模式的影响，一般形成"1+1"和"2+2"模式，即：单音节名词与单音节方位词组合，双音节名词与双音节方位词组合。如：

我家门前有一棵柚子树。　　这种鸟长年栖息在江南。

我家大门前面有一棵柚子树。　　这种鸟长年栖息在长江以南。

例外的情况是，只有"上、下、里、外"等单音节方位词可以和双音节名词形成"2+1"模式，"前、后、左、右、东、南、西、北"等不可以。如：

黑板上写着一行字。　　屋子里挤满了人。

*教室前种了一排树。　　*上海东就是大海。

方位短语没有"1+2"模式。如：

*鞋里面有一只袜子。　　*有几本书放在桌上面。

上述偏误的产生主要是因为汉语的韵律特征较为显著，有时制约着语法结构。比如汉语的名词多为双音节，所以单音节名词在使用时常常不自由。

正确表达

所以，"典型错误"中偏误句的正确表达是：

（1）那是银行，邮局在它的后面。

（2）我带回来一个包裹，里面有你要的东西。

（3）大门旁边站着一个人。/ 门旁站着一个人。

（4）有一只鸟飞到树上了。/ 有一只鸟飞到大树上面了。

43. 为什么不能说 "他在北京大学里学习汉语"？

典型错误

（1）*他在北京大学里学习汉语。

（2）*我去年在黄山里住了一个月。

（3）*为了方便上课，我就在学校附近边租了一间房子。

（4）*那个个子最高的同学应该站在左边上。

原因分析

汉语名词可以分为不同小类，其中一类就是处所名词。处所名词和普通名词的区别在于：可以做 "在、从" 等介词的宾语，也可以直接做状语，但不能受数量词修饰。处所名词又可以分为以下四个类别：

地名或专名：上海、芙蓉镇、马家巷街道、马家巷小学

机关单位名：邮电所、办公室、教育局、办事处

方位名词：前面、左边、里头、东部

专有处所名词：附近、周围、中间、当地

在表示空间方位的时候，处所名词和普通名词所采用的语法手段也不同。普通名词在表示空间方位时必须依赖方位词，进入 "（介词）＋NP＋方位词" 框架，即主语位置表现为 "NP＋方位词"，宾语位置表现为 "介词＋NP＋方位词"。如：

桌子上放着一本书。　　　　　那本书放在桌子上。

钢琴旁站着一群孩子。　　　　一群孩子站在钢琴旁。

而处所名词在表示空间方位时除了机关单位名词外都排斥方位词，即主语位置为光杆 NP，宾语位置为 "介词＋NP"。机关单位名词后的方位词可隐可现。如：

上海建了一座东方明珠。　　　东方明珠建在上海。

里面挤满了看热闹的人。　　　看热闹的人都挤在里面。

附近就是马家巷小学。　　　　马家巷小学就在附近。

办公室（里）堆着很多文件。　很多文件堆在办公室（里）。

上述偏误例句中后加方位词的名词其实都是处所名词，偏误产生的主要原因是目的语规则的过度泛化。因为汉语的普通名词在表示空间义时必须依赖方位词，学习者能正确区分处所名词和普通名词，所以误将普通名词表示空间方位的规则套用在处所名词上。

正确表达

所以，"典型错误"中偏误句的正确表达是：

（1）他在北京大学学习汉语。

（2）我去年在黄山住了一个月。

（3）为了方便上课，我就在学校附近租了一间房子。

（4）那个个子最高的同学应该站在左边。

44. 为什么不能说"请把这本书放在抽屉上"？

典型错误

（1）＊请把这本书放在抽屉上。

（2）＊他在黑板里写字。

（3）＊同学们在学习里要更加努力。

（4）＊社会里稀奇古怪的事情多的是。

原因分析

单音节方位词中，"里"和"上"的活动能力最强，可以和更多的名词组成方位短语。不过，两者在与名词组合时也存在差别。主要在以下两个方面：

第一，两者都可以表示空间义，但差别在于："里"表示三维空间，事物有比较具体的空间维度；"上"表示点、线、面等非三维空间，事物凸显的是表面。如：

碗里盛着一条鱼。　　他从口袋里掏出一百块钱。

床上铺着一条被子。　　他不小心把油墨泼在衣服上了。

"碗、口袋"是三维空间名词，常与"里"组合；"床、衣服"是二维空间名词，只能与"上"组合，而不能与"里"组合。

但是，有一些名词既可以表示三维空间义，又可以表示二维空间义，都能与"里""上"组合，这时的决定因素就是相关动词了。如：

贴在信封上 —— *贴在信封里　　　　装在信封里 —— *装在信封上

摆在书架上 —— *摆在书架里　　　　藏在书架里 —— *藏在书架上

"信封"和"书架"的空间既是三维，又是二维，因此，只有由相关动词凸显其具体的空间义才能决定所组合的方位名词。显然，"贴、摆"凸显的是二维，"装、藏"凸显的是三维，所以，二维的"信封、书架"与"上"组合，三维的"信封、书架"与"里"组合。

第二，"上"还可以表示方面、范围等引申意义，"里"则不可以。如：

有些人物质上很富足，精神上却很贫乏。——*有些人物质里很富足，精神里却很贫乏。

世界上没有免费的午餐。——*世界里没有免费的午餐。

"物质上、精神上"是指物质方面和精神方面，"世界上"是指世界范围内，"上"的这些引申意义是"里"没有的。

上述的典型错误在于混淆了方位名词的空间维度义，如"抽屉"的三维性需与"里"组合，"黑板"的二维性需与"上"组合；同时，也没能区分"上"具有引申意义，而"里"没有。

正确表达

所以，"典型错误"中偏误句的正确表达是：

（1）请把这本书放在抽屉里。

（2）他在黑板上写字。

（3）同学们在学习上要更加努力。

（4）社会上稀奇古怪的事情多的是。

45. 为什么不能说"工厂中有很多工人"？

典型错误

（1）* 这个工厂中有很多工人。

（2）* 老师们都住在学校中。

（3）* 战士们在大雨里奋斗了八个小时。

（4）* 这一对新婚夫妇这几天一直沉浸在幸福里。

原因分析

"里"和"中"都是方位词，都有表示范围内部的意思，如《现代汉语词典》的释义：

【里】方位词：里面；内部（跟"外"相对）。

【中】方位词：①范围内；内部；②用在动词后表示持续状态（动词前多有"在"字）。

从词义看，两者的相同之处是都指里面或内部，都表示三维空间范围，因此有时可以通用，即和同一个名词组成方位短语。如：

手里　手中　家里　家中　心里　心中

但不同之处在于，"中"还可以表示状态持续的意思，即"中"的意义出现了虚化。也正因如此，两者的语法意义开始出现分化，这种分化的趋势表现为：

第一，空间性越强，越倾向于用"里"，时间性越强，越倾向于用"中"。

空间与时间：学校里　工厂里　大院里 —— 工作中　进行中　幸福中

"学校、工厂、大院"是名词，且具有空间性，"工作、进行、幸福"是动词，具有时间性，因此它们只能分别与"里"和"中"组合。

第二，具体性越强，越倾向于用"里"，抽象性越强，越倾向于用"中"。

具体与抽象：教室里　屋子里　书包里 —— 空气中　大雨中　思想中

"教室、屋子、书包"等名词表示具体的事物，"空气、大雨、思想"等名词表示抽象的事物，它们也只能分别与"里"和"中"组合。

由上可以看出，"里""中"与名词组合时在空间性上呈现出一个连续体表现：空间性越强，越倾向于用"里"；空间性越弱，越倾向于用"中"；介乎其间两者皆可。

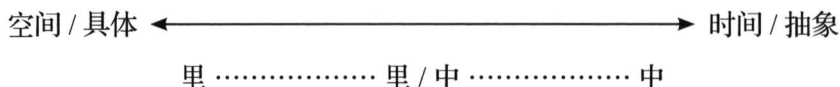

空间 / 具体 ←——————————————————→ 时间 / 抽象

里 ……………… 里 / 中 ……………… 中

上述例句的偏误在于误认为方位词"里"和"中"表示的语法意义完全相同，更没有注意到它们在空间性上的强弱差别。

正确表达

所以，"典型错误"中偏误句的正确表达是：

（1）这个工厂里有很多工人。

（2）老师们都住在学校里。

（3）战士们在大雨中奋斗了八个小时。

（4）这一对新婚夫妇这几天一直沉浸在幸福中。

46. 为什么不能说"就在刚刚，发生了一件令人意想不到的事情"？

典型错误

（1）* 就在刚刚，发生了一件令人意想不到的事情。

（2）* 要是在时常，我一定会联系他的。

（3）* 每个人都要好好考虑自己即将的职业生涯。

（4）* 大家都要把立刻的情况告诉我。

原因分析

汉语里有一些词语如"刚才、刚刚、目前、立刻、将来、即将"等，它们在词汇意义上都跟时间有关，可以统称为时间词，但是它们却属于不同的词类，有的是时间名词，有的是时间副词。区分的依据是词语的句法功能，即能跟什么样的词语组合以及可以充当什么句法成分。

一种办法是把时间词与名词组合。能做名词修饰语的是时间名词，不能修饰名词的是时间副词。如：

时间名词　　　　　时间副词

刚才的事情　　　*刚刚的事情

将来的前途　　　*即将的前途

另一种办法是看时间词能否做介词"在、到、从"等的宾语。能做介词宾语的是时间名词，不能做介词宾语的是时间副词。如：

时间名词　　　　　时间副词

在平时　　　　　*在时常

在目前　　　　　*在立刻

上述例句的偏误在于误将副词当作名词用，在句中将其用作宾语或定语，而副词只能做状语，这是没有区分词性造成的结果。产生上述偏误的原因除了误认为相同的词汇意义应该属于相同的词类并应该具有相同的语法意义外，也有英语的负迁移的影响。比如教材中对"刚才"和"刚刚"的英文注释均为just now，对"即将"和"将来"英文注释都是 be about to，这就很容易导致初学者误用。

正确表达

所以，"典型错误"中偏误句的正确表达是：

（1）就在刚才，发生了一件令人意想不到的事情。

（2）要是在平时，我一定会联系他的。

（3）每个人都要好好考虑自己将来的职业生涯。

（4）大家都要把目前的情况告诉我。

47. 为什么不能说"现在是五点一刻钟"?

典型错误

(1)*现在是五点一刻钟。

(2)*下午我用了一小时半写作业。

(3)*一年有四季节。

(4)*我等了他十五个分钟。

原因分析

汉语表示时间的词语,有时点词和时段词之分。常见的时点词如下:

点钟 点 刻 分 秒

早上 中午 傍晚 晚上 半夜 凌晨

～号/日 ～月 星期～ (今/明)年

(课)前/后 以前 以后 之前 之后

常见的时段词如下:

小时 钟头 刻钟 分钟 秒钟

数(量)词+上午/晚上/夜/天/星期/学期

时点词和时段词在句法表现上又有各自的特点。时点词不能与"个"或"半"组合,时段词可以,但时段词内部在与"个"或"半"组合时又有很大的不同。大致如下:

"钟头、月、季度、春天、世纪"类时段词需要加"个",如果少于一个时段,在"个"前加"半",多于一个时段,则在"个"后加"半";"秒(钟)、分钟、刻钟、天、夜、宿、年"类时段词不能加"个",如果少于一个时段,前加"半",多于一个时段,则后加"半";"小时、星期、学期、学年"类时段词加不加"个"两可,如果少于一个时段,"个"的使用比较自由,多于一个时段,则需要前加"数词+个+半"。

上述例句的偏误在于:例一的"刻钟"是时段词,不是时点词,而"现在"

指的是时点不是时段；例二的"小时"是时段词，当指多于一个时段时，需要用"数词＋个＋半＋时段词"来表示；例三的"季节"是时段词，且这类时段词必须加"个"；例四的"分钟"虽然是时段词，但这类时段词不能加"个"。

例一、例二的偏误原因主要是对目的语规则掌握不好，混淆了时点词和时段词。例三的偏误与英语的负迁移有关，因为英语中没有量词，"四个季节"就是 four seasons。例四的偏误在于目的语规则的泛化，即认为数词加上量词后才能与名词组合。

正确表达

所以，"典型错误"中偏误句的正确表达是：

（1）现在是五点一刻。

（2）下午我用了一个半小时写作业。

（3）一年有四个季节。

（4）我等了他十五分钟。

48.　为什么不能说"我来中国已经一个年了"？

典型错误

（1）*我来中国已经一个年了。

（2）*他们俩在相互认识的第四月就结婚了。

（3）*你每天大概睡多少小时？

（4）*他跑 100 米的速度是 12 个秒。

原因分析

"年、月、日"和"时、分、秒"是两组表示时间的词语，但它们内部并不完全一致，词性也不相同。可以从以下两个方面对其进行区分：

一、从分布特征看

"分、秒"二者的分布一致,即能与序数词组合,能重叠,能用"多少"提问,不能加量词,而这些特点正好与"时"形成不对称分布。同时,表示"分、秒"的"分钟、秒/秒钟"跟"年、日"的语法特点基本一致,而表示"时"的"小时/钟头"则跟"月"的语法特点差不多。

二、从词类的语法特点看

不能与序数词组合,不能重叠,不能用"多少"提问且必须加量词,这些是名词的特性;与之相反,能与序数词组合,能重叠,能用"多少"提问且不能加量词,这些是量词的特性。因此,"年、日/天、分、秒"是量词,而"月、时"为名词。

因此,上述例句的偏误在于量词前再加量词,如量词"年、秒"前都添加了量词,或者名词前只有数词而没有量词,如名词"月、小时"前没有量词。

造成偏误的原因主要是过度泛化,"年、月、日"经常一起使用而将"月"的特点类同"年、日",同样,"时、分、秒"经常一起使用而将"时"类同"分、秒"。

正确表达

所以,"典型错误"中偏误句的正确表达是:

(1)我来中国已经一年了。

(2)他们俩在相互认识的第四个月就结婚了。

(3)你每天大概睡多少个小时?

(4)他跑100米的速度是12秒。

49. 为什么不能说"教育小孩，我耐心"？

典型错误

（1）* 教育小孩，我耐心。

（2）* 参加班级活动，我很兴趣。

（3）* 这件事情，我不意见。

（4）* 在校学生是否可以谈恋爱，每个学校自己的观点。

原因分析

二价名词联系两个论元：主体论元和对象论元；其语义结构为：＜主体论元 a 对对象论元 b＞。当使用二价名词时，这两个论元在句中或相应的上下文中都要出现。

上述例句中出现在谓语部分的名词"耐心""兴趣""意见"和"观点"从词汇意义上看表义抽象，从语法意义上看都为二价名词，虽然它们的两个论元都分别在句中出现了，如"耐心"的论元是"我"和"教育孩子"，"兴趣"的论元是"我"和"参加班级活动"，但错误在于二价名词在句中直接充当了谓语。

我们知道，汉语中名词做谓语极受限制，只有表时间义、顺序义等的名词才能做谓语，而二价名词并不具备这样的条件，所以句中缺少特定的动词。当二价名词出现在句中谓语位置时，需要由特定的动词来充当谓语。比如"有耐心""感兴趣""提出意见"和"表达观点"等。

另外，二价名词也不能受副词修饰，"* 很兴趣、* 不意见"是不成立的，因为受副词修饰的名词须带有特定的描绘意义。

产生上述偏误的原因在于，二价名词的语义结构"某人对某事的看法 / 观点 / 态度"让学习者误以为它们可以直接充当谓语。

正确表达

所以，"典型错误"中偏误句的正确表达是：

（1）教育小孩，我有耐心。

（2）参加班级活动，我很感兴趣。

（3）这件事情，我不发表意见。

（4）在校学生是否可以谈恋爱，每个学校都表达了自己的观点。

50.　为什么不能说"以上是我流行歌曲的看法"？

典型错误

（1）*以上是我流行歌曲的看法。

（2）*吸烟对身体很大的坏处。

（3）*这是我提出的看法对中国的节假日。

（4）*如果没有音乐，那对生活就没有兴趣了。

（5）*汉语对我的兴趣很大，我要努力学习。

原因分析

二价名词出现在句中的不同位置时要受到不同的句法制约。

第一，二价名词可以充当某些特定动词的宾语，句法环境是"NP_2，NP_1+VP 意见 / 看法 / 立场"。如：

这件事情，我<u>有</u>不同意见。

讨论问题，每个人都要<u>表达</u>自己的观点。

第二，二价名词也可以充当介宾结构的中心语，句法框架为：$N_{主体}$对 $N_{对象}$ 的 $N_{二价}$。如：

我对这件事的看法　他给我的印象　学生对老师的意见

第三，有时二价名词和特定动词组成的动宾短语也可以由介宾结构修饰，句法框架为：$N_{主体}$对 $N_{对象}$+V+$N_{二价}$。如：

我对这件事有看法　他给我留下了印象　学生对老师提出意见

注意：充当介词宾语的只能是对象论元，而不能是主体论元。如"小王对小李的意见"中，意见是小王提出的，针对的对象是小李；而"小李对小王的意见"中，意见是小李提出的，针对的对象是小王。

上述偏误的原因在于：

例（1），句法框架中缺少相应的介词；

例（2），句法框架中缺少相应的动词；

例（3），句法框架虽然正确，但框架中的成分错序；

例（4），框架结构中缺少主体，或缺少对象；

例（5），虽然选用了主体和对象，但两者的位置错序。

正确表达

所以，"典型错误"中偏误句的正确表达是：

（1）以上是我对流行歌曲的看法。

（2）吸烟对身体有很大的坏处。

（3）这是我对中国的节假日提出的看法。

（4）如果没有音乐，那我对生活就没有兴趣了。

（5）我对汉语的兴趣很大，我要努力学习。

51. 为什么不能说"婚姻这个问题对每个人有每个人的看法"？

典型错误

（1）＊婚姻这个问题对每个人有每个人的看法。

（2）＊另一个地方对我来说很感兴趣的是中国的长城。

（3）＊大家都有意见对这件事情。

（4）＊我发表了自己环境保护的观点。

原因分析

上述例句中的"看法、兴趣、意见、观点"等为二价名词，需要有两个论元与之共现，其中对象论元的呈现方式较为多样：

可以作为介词宾语：我<u>对这个问题</u>有自己的看法。

可以作为句子话题：<u>这个问题</u>，我有自己的看法。

也可以在话题结构中，用介词引出：<u>关于这个问题</u>，我有自己的看法。

可以看出，二价名词的对象论元既可以和介词组成介宾结构在句中做状语，也可以独立充当句子话题，或者与介词组成话题结构，并由此形成不同的句法框架。

上述例句的错误在于：

第一例将主体论元作为介词的宾语，而将对象论元作为句子的主语或话题，因而导致论元位置错序。对象论元可以充当句子的话题，但此时主体论元须是句子的主语。

第二例实际上包含两个句式，一个是"A 对 B 感兴趣"，另一个是"对 A 来说，B 很有趣"，这两个句式不能杂糅在一起使用。

第三例的对象论元虽然由介词引进，但却置于句尾。

第四例的对象论元没有由介词引进，但对象论元只有充当句子话题时才可以不由介词引进。

正确表达

所以，"典型错误"中偏误句的正确表达是：

（1）婚姻这个问题，每个人有每个人的看法。

（2）我对另一个地方感兴趣。/ 对我来说，中国的长城很有趣。

（3）大家都对这件事情有意见。

（4）我发表了自己对环境保护的观点。

52. 为什么不能说"他支持小王的爸爸，但不支持小李的"？

典型错误

(1)* 他支持小王的爸爸，但不支持小李的。

(2)* 小王的性格很温柔，但小李的不温柔。

(3)* 小王的头发长，小李的短。

(4)* 我喜欢小王的体型，不喜欢小李的。

原因分析

汉语中，由名词、动词、形容词充当定语修饰中心名词时可以形成"的"字结构，即"的"字结构转指中心语。如：

杭州的雨伞——杭州的　吃的粮食——吃的　红的花朵——红的

小明的成绩——小明的　写的文章——写的　咸的饭菜——咸的

农村的房子——农村的　做的事情——做的　漂亮的女孩儿——漂亮的

我们可以说"论雨伞，杭州的最漂亮""吃的已经没有了""这些花朵中，红的最好看"，其中，"杭州的"转指"杭州的雨伞"，"吃的"转指"吃的粮食"，"红的"转指"红的花朵"。

但在修饰成分由名词充当的"NP$_1$ + 的 + NP$_2$"结构中，"NP$_1$ 的"要形成"的"字结构就会受到一定限制，即作为中心语的 NP$_2$ 不能是一价名词，因为一价名词要求其论元成分在句法上必须与之共现。如：

一价名词：小王的爸爸来了——* 小王的来了

　　　　　小王的脾气很暴躁——* 小王的很暴躁

　　　　　小王的眼睛很大——* 小王的很大

不过，这一结构中的中心语 NP$_2$ 可以是二价名词或无价名词。如：

二价名词：小王的看法有道理——小王的有道理

　　　　　小王的观点被推翻了——小王的被推翻了

无价名词：小王的书包不见了——小王的不见了

小王的衣服最时尚——小王的最时尚

上述四个例句错误的原因在于，"爸爸""性格""体型"和"头发"分别为亲属名词、属性名词、部件名词和属性名词，它们都属于一价名词，作为定中结构的中心语时不能省略。

正确表达

所以，"典型错误"中偏误句的正确表达是：

（1）他支持小王的爸爸，但不支持小李的爸爸。

（2）小王的性格很温柔，但小李的性格不温柔。

（3）小王的头发长，小李的头发短。

（4）我喜欢小王的体型，不喜欢小李的体型。

53.　为什么可以说"小王很高大"但不能说"小王很大"？

典型错误

（1）* 小王很大。

（2）* 这个地方很高。

（3）* 这种酒很淡，不好看。

（4）* 这种花很淡，不好闻。

原因分析

由一价名词做主语的句子，语义表达是不完整的，比如"价格很贵""头发短了"等，因此，常常要求其论元成分与之共现，从而使一价名词和其论元在句法、语义上形成依附关系。句法上，这个论元可以作为一价名词的修饰语，形成"NP$_1$ + 的 + NP$_2$ + VP"结构，如"蔬菜的价格很贵"；也可以作为整个句子的大主语，形成主谓谓语句"NP$_1$＋NP$_2$＋VP"结构，如"蔬菜价格很贵"。

有时候，在某些句子中省略一价名词也不影响句子的语义表达，当然，这只限于主谓谓语句"NP$_1$＋NP$_2$＋VP"结构，因为"NP$_1$＋的＋NP$_2$＋VP"结构中如果省略一价名词，"NP$_1$的"是不能转指中心语的。不过，在主谓谓语句"NP$_1$＋NP$_2$＋VP"结构中，一价名词的省略要受到一定限制。条件为：

第一，充当谓语的形容词的语义结构包含单一的选择特征时，可以省略；如果包含多项选择特征，则不能省略。如：

小王身材很高大——小王很高大　　小王眼睛很大——*小王很大

小王心里很痛苦——小王很痛苦　　小王肚子很痛——*小王很痛

对人而言，"高大"的语义特征仅指"身材"，而"大"的语义结构中则包含"眼睛、脑袋、肚子、脚"等选择特征；同样，"痛苦"的语义特征仅指"心情"，而"痛"则可指"头、眼睛、肚子、胳膊"等多项特征。

第二，充当大主语的论元名词是否容易激活一价名词。如果一价名词是论元名词最容易激活的对象，那么就可以省略；如果一价名词不是论元名词最容易激活的对象，则不能省略。如：

这朵花颜色很红——这朵花很红　　这把椅子颜色很深——*这把椅子很深

这个菜味道很咸——这个菜很咸　　那个厕所味道很浓——*那个厕所很浓

对"花"而言，最容易激活的特征是"颜色"，而"菜"最容易激活的特征是"味道"，所以，此时一价名词可以省略。但是，"椅子"不可能激活"颜色"这个特征，"厕所"先激活的也不是"味道"特征，所以，此时一价名词不可以省略。

典型错误用例的问题在于，没有掌握一价名词省略的相关条件。形容词"大"和"高"都包含多项选择特征，可以激活多个选择对象，因而一价名词不可省略。论元名词"酒"优先激活的是"味道"而不是"颜色"，因为"酒"主要是用来"喝"的；而"花"则优先激活"颜色"而非"味道"，因为"花"主要是用来"看"的。

正确表达

所以，"典型错误"中偏误句的正确表达是：

（1）小王肚子很大。

（2）这个地方海拔很高。

（3）这种酒很淡，不好喝。／这种酒颜色很淡，不好看。

（4）这种花很淡，不好看。／这种花味道很淡，不好闻。

54. 为什么可以说"一次早餐"而不能说"一次面包"？

典型错误

*一次面包花了我三十元。真贵呀！

*我昨天去商场买了一次电脑。

*下个星期，我们班要和他们班进行一个球赛。

*每年的圣诞节，学校都会请我们吃一个晚餐。

原因分析

数量词可以分为不同的小类。根据与相关词类的搭配情况，汉语的数量词分为名量词、动量词和时量词三类：

名量词：个　只　本　棵　台　张　块　间

动量词：次　下　趟　遍　番　阵　场　回

时量词：天　月　年　小时　下午　晚上

一般情况下，名量词与名词搭配，动量词和时量词与动词搭配。如：

一个人　一只猫　一本书　一棵树　一台电脑

去一次　玩一下儿　跑一趟　读一遍　解释一番

看一天　住一年　跑一小时　睡一下午　玩一晚上

不过，名词也可以分为不同的小类。典型的名词表达空间意义，但也有部分名词能够表达时间意义，表达空间意义的名词叫事物名词，表达时间意义的名词叫事件名词。如：

事物名词：河水　篮球　面包　会场　梦想　歌曲　口语书

事件名词：暴雨　球赛　早餐　晚会　噩梦　歌舞　口语课

　　受数量词修饰是名词最典型的句法特征，汉语绝大多数名词都可以受数量词修饰。但是，名词的小类不同，修饰它们的数量词小类也不同，一般而言，名量词修饰事物名词，动量词和时量词修饰事件名词。如：

一潭河水　一个篮球　一块面包　一个会场　一首歌曲　一本口语书

一场暴雨　一次球赛　一顿早餐　一场晚会　一次歌舞　一节口语课

一天的暴雨　一下午的球赛　半小时的早餐　两小时的晚会　五十分钟的口语课

　　上述偏误产生的原因在于没有区分名词的不同小类与数量词的不同小类之间的搭配关系。"面包"和"电脑"是事物名词，只能与名量词搭配；"球赛"和"晚餐"是事件名词，需与动量词或时量词搭配。

　　产生上述偏误的根本原因可能在于，英语等印欧语是一种无量词的语言，数词直接与名词组合，表现为"数词＋名词"形式，而汉语是一种有量词的语言，数词不能直接与名词组合，需添加量词，表现为"数词＋量词＋名词"形式。于是，学习者就习得了汉语数词与名词组合时需要添加量词这一知识，但是并没有习得不同小类量词与名词的搭配限制，也就产生了上述较普遍的偏误现象。

正确表达

所以，"典型错误"中偏误句的正确表达是：

（1）一块面包花了我三十元。真贵呀！

（2）我昨天去商场买了一台电脑。

（3）下个星期，我们班要和他们班进行一场球赛。

（4）每年的圣诞节，学校都会请我们吃一顿晚餐。

55. 为什么"后"在"桌子后"和"早餐后"中的意思不同?

典型错误

（1）*桌子之后，我又搬了椅子。

（2）*大学后，他取得了很大的进步。

（3）*篮球前，你要做完作业。

（4）*这本书之前，他已经完成了两本。

原因分析

方位词"前、后、上、下、里、外"等一般表示空间义，但也能通过隐喻途径引申出时间义，所以，当它们表示空间义时叫作空间方位词，表示时间义时叫作时间方位词。

方位词的空间义或时间义是依据与其组配的名词的性质来确定的。如"桌子后"中，"桌子"是表示事物的实体名词，空间义显著，所以，这里的"后"是空间方位词；而"早餐后"中，"早餐"是带有时间义的事件名词，所以这里的"后"是时间方位词。也就是说，方位词与事物名词组配时表示空间义，与事件名词组配时表示时间义，所以，"桌子"后的"后"不等于"早餐后"的"后"，前者为"后面"，后者为"之后"。类似地，方位词"前"也是如此，表空间义时为"前面"，表时间义时为"之前"。再如：

空间方位词＋前/后：房子/邮局/车站/小山/杯子＋前/后

时间方位词＋前/后：地震/会议/战争/球赛/假期＋前/后

上述四个例句的错误在于，方位词和名词组成的方位短语与其在句中所需表达的意义相矛盾。这些句子要表达的是时间意义，但是，句中的方位短语因为是由"事物名词＋方位词"组成，表达的是空间意义，所以不符合句子要表达的意义的要求。另外，"之前""之后"也只能与事件名词组合，不能与事物名词组合。

产生上述偏误的原因是母语负迁移。比如对英语背景的学习者而言，这些例句直接翻译成英语，都是合法的句子：

　　After desks, he moved some chairs again.

　　He made great progress after college.

　　You should finish your homework before basketball.

　　He had written two books before this one.

　　那么，为什么英汉两种语言之间存在这样的差异呢？这是因为：

　　第一，英语方位词表空间义和时间义时分别用不同的词语表示，空间义的"前""后"为 in the front / on the behind，时间义的"前""后"为 before / after，而汉语则不加区分，因此可以说，英语的方位词为单义性，汉语的方位词具有多义性。

　　第二，正是因为英语的时间方位词具有单义性，不但事件名词可以与之自由组合，而且事物名词有时也能与之直接组合，即时间方位词与事物名词组合后可以激发出该事物名词的时间性或事件性；而汉语的时间方位词因为具有多义性则不容易激发出与之组合的事物名词的时间性或事件性，常需要借助相关动词来显示出事件性。比如：

　　You must go to bed immediately after tea.

　　*茶后你必须立刻上床睡觉。/ 喝完茶后你必须立刻上床睡觉。

　　Will you come for a walk after school?

　　*学校后你愿意出来散散步吗？ / 放学后你愿意出来散散步吗？

　　因此，汉语的事物名词（如"篮球"）不能与表时间义的方位词直接组合，除非显示出事件义。显示事件义的办法是，或者改用相应的事件名词（如"球赛"），或者添加相关动词（如"打篮球"）。

正确表达

所以，"典型错误"中偏误句的正确表达是：

（1）搬完桌子之后，我又搬了椅子。

（2）大学毕业后，他取得了很大的进步。

（3）打篮球前，你要做完作业。

（4）写这本书之前，他已经完成了两本。

56. 为什么可以说"快车"而不可以说"快书"？

典型错误

* 我正在看一本快书，也许一天就能看完。
* 我不想成为一个快人。
* 他是一个快司机，我们坐车十分钟就到了学校。
* 我们进行了一场快球赛，不到半小时就结束了。

原因分析

"快"是一个表示速度的形容词，指动作行为发生的时间短，常修饰动词，如"快跑 / 快吃 / 快写 / 快说"等，但因为是形容词，所以也有做定语的功能，不过，"快"做定语修饰名词并不自由，受到的限制很大。

一是直接做定语时，所能修饰的名词数量极为有限，比如"快车""快马""快餐""快节奏""快生活"等，不过，这些所谓的定中结构都几乎已经词汇化了。

二是加"的"做定语时也不太自由，还需添加程度副词或其他成分。如：

? 这是一首快歌。——? 这是一首很快的歌。——这是一首节奏很快的歌。

* 他是一个快人。—— * 他是一个很快的人。——他是一个跑步很快的人。

* 这是一场快战争。—— * 这是一场很快的战争。——这是一场结束得很快的战争。

* 这是一架快飞机。——这是一架很快的飞机。——这是一架飞得很快的飞机。

上述偏误在于，形容词"快"直接修饰名词，而造成这类偏误的原因主要是受英语负迁移的影响，因为在英语中，与"快"对应的词语 fast 是可以较自由地修饰名词的，fast 除了表示"速度快"以外，还表示"时间短、频率快"等意思。如上述偏误例句在英语中都是正确的表达：

This is a fast song.   He is a fast person.

It is a fast war.   It is a fast plane.

解决上述偏误的办法是，当速度类的形容词"快、慢、迅速、缓慢"等做定语时，尽量带上定语标记"的"，同时增加程度副词或者是由这些形容词指向的动词。

正确表达

所以，"典型错误"中偏误句的正确表达是：

（1）我正在看一本读起来很快的书，也许一天就能看完。

（2）我不想成为一个生活节奏很快的人。

（3）他是一个开车开得很快的司机，我们坐车十分钟就到了学校。

（4）我们进行了一场很快的乒乓球比赛，不到半小时就结束了。

57. 为什么不能说"好时间"而可以说"好时光"？

典型错误

（1）* 我一定会珍惜在中国学习的好时间。

（2）* 上海是一个好地点，很多外国人都想来。

（3）* 我的中国朋友经常帮助我，他是一个好人物。

（4）* 在学习汉语时出现问题其实也是好事件，所以不要怕。

原因分析

"好"是一个评价性形容词，表示品质高、条件佳、素质好、水平强等意义，常做定语修饰名词。不过由于是评价好坏，它所修饰的名词就受到了一定的限制，因为并不是任何事物都有好坏之分，事物的好坏取决于人们的价值判定标准，即是否满足人们的实际需要、是否符合人们的价值取向等，这是一种社会评价标准。不过有时候，好坏的评价也会涉及个人的主观因素，即个人的主观评价。

比如，对"人"而言，人的言行举止都受制于社会道德的监督评判，所以有

"好人""坏人"之分。一个社会上的人，一般既有身份，也有职业，如某个母亲是一位老师，那么"母亲"就是她的身份，"老师"就是她的职业，而身份是否够格、职业是否尽责等都依赖于人们的评价，于是就有"她在家里是一个好母亲，在学校是一个好老师"这样的说法。

对"事"而言，因为事是人做的，自然也就置于评价之中，于是就有"好事""坏事"之说。

对"物"而言就相对复杂一些，因为有自然的物，也有人造的物。如：

自然物：天空　太阳　月亮　大地　长江　泰山　草木　空气

人造物：椅子　房子　电影　音乐　茶　酒　钢琴　电脑

自然物是自然界的造化，并不以人的意志为转移，无所谓好坏，人们无法对其做出评判，所以，我们不能说"* 好天空 / 太阳 / 月亮 / 大地 / 长江 / 泰山 / 草木 / 空气"。人造物是人们为满足自身物质或文化需要而创造出来的，为人所用，就有好坏之分，人们也就有依据对其做出评判，比如造房子是为了给人住，拍电影是为了给人看，酿酒是为了给人喝，而房子是否住得舒服、电影是否拍得好看、酒是否酿得好喝等就由人们来评判了，所以可以说"好椅子 / 房子 / 电影 / 音乐 / 茶 / 酒 / 钢琴 / 电脑"。

以上所列的人、事、物都属于事物名词，也就是说，评价性形容词"好"做定语时可以修饰事物名词。

但如果是事件名词，则不适合用评价性形容词来修饰，因为事件名词重在表事件，而事件的发生又有具体的终止点，所以，对于在某一特定时间内发生的事件来说，适合进行描写，而不适合加以评价。如：

描绘性定语：丰盛的早餐　热闹的婚礼　盛大的晚会　激烈的球赛

　　　　　　猛烈的暴雨　惨烈的车祸　短暂的假期　繁重的家务

评价性定语：* 好早餐 / 婚礼 / 晚会 / 球赛　* 坏暴雨 / 车祸 / 假期 / 家务

上述四例偏误在于，"时间""地点""人物""事件"等名词分别表示一类事物的总称，既然是总称，就带有自然类名词的性质，也就不能受评价性形容词修饰。

另外，对总称不便评价，但对其下位类别则可以评价，比如"时光""地方""人""事情"分别是"时间""地点""人物""事件"的下位类别，我们就可以说"好时光、好地方、好人、好事情"等。

正确表达

所以，"典型错误"中偏误句的正确表达是：

（1）我一定会珍惜在中国学习的好时光。

（2）上海是一个好地方，很多外国人都想来。

（3）我的中国朋友经常帮助我，他是一个好人。

（4）在学习汉语时出现问题其实也是好事，所以不要怕。

58. 为什么不能说"开始了这本书"？

典型错误

（1）*大学毕业后，他开始了这本书。

（2）*上午八点，他们就开始了会议。

（3）*昨天，我只用十分钟就完成了早餐。

（4）*我结束作业时已经是晚上十一点了。

原因分析

有一类动词，自身的词汇意义就带有事件发生的起止点，如"开始"指事件开始发生，"完成""结束"指事件终止。这类动词可以叫作体动词，属于及物动词的一个小类，可以带宾语。

做宾语是名词典型的句法功能，但不同类别的名词在充当不同类别的动词的宾语时也会受到限制。由于体动词本身带有时间意义，所以要求其后的名词宾语也要带有时间特征，而且，时间性越强，越能满足体动词宾语的语义要求。这样一来，时间性最强的动名词最能满足体动词宾语的语义要求，没有时间性的事物名词不能满足要求，而有时间性的事件名词能否满足要求就相对复杂一些，这既要看其本身的事件性强弱，又要看相关动词的时间义强弱。

体动词中，"开始"仅指事件发生的起点，不涉及终点，"完成"指由起点到终点这一过程实现完毕，"结束"则重在关注事件的终点。因此，从时间性特征看，三者的时间性由弱到强依次为：开始＜完成＜结束。

根据体动词的时间性和宾语名词的事件性，两者的组合倾向大致如下表58-1所示：

表 58-1　体动词与名词的组合情况

名词		开始	完成	结束
事物名词（咖啡、友谊）		-	-	-
事件名词	事件性弱（早餐）	-	-	+-
	事件性强（典礼）	-	+-	+
动名词（演讲、写作）		+	+	+

注："+"表示两者能组合，"-"表示不能组合，"+-"表示有的能组合，有的不能组合。

上述的偏误在于，充当体动词宾语的要么是事物名词如"这本书"，要么是事件名词如"会议、早餐、作业"；事件名词中，"早餐、作业"的事件性较弱，而事件性较强的"会议"又充当了时间性较弱的"开始"的宾语。

上述偏误产生的原因主要有两个。一是受英语负迁移的影响。跟"开始"和"完成""结束"对应的英语词汇分别为 begin 和 finish，但 begin 和 finish 的宾语名词较为自由，既可以是事件性强的，也可以是事件性弱的。如上述汉语偏误例句在英语中都是成立的：

He had begun this book after graduation.

They began the meeting at eight o'clock.

I finished my breakfast only spending ten minutes yesterday.

It was eleven o'clock when I finished my homework.

二是受汉语规则泛化的影响。汉语中，一般将"开始"和"完成""结束"看作是一组反义词，将"完成"和"结束"看作是一组近义词，而且通常认为，同义词和反义词只是词汇意义的差别，它们之间在语法上的表现具有共同性，所以"开始""完成""结束"的语法表现也相同，比如带宾语时。但事实上，三者带宾语的情况并不相同。

改正上述偏误的办法是：如果是事物名词做宾语，就增加相应的动词，如"开始写这本书"；如果是事件名词做宾语，一般可以直接做"结束"的宾语，当动词是"开始"时可以用主谓形式来表达，如"会议开始了"；能直接做"完成"的宾语的事件名词只有"任务、作业、学业"等少数几个。因此，汉语中，"结束"比"完成"更有理由成为"开始"的反义词。

正确表达

所以，"典型错误"中偏误句的正确表达是：

（1）大学毕业后，他开始写这本书了。

（2）上午八点，他们的会议就开始了。

（3）昨天，我只用十分钟就吃完了早餐。

（4）我完成作业时已经是晚上十一点了。

59. 为什么不能说"那个厂家里有很多工人"？

典型错误

（1）*那个厂家里有很多工人。

（2）*这个厂家很简陋，员工食堂也没有。

（3）*如果产品有问题，工厂会提供上门服务的。

（4）*每逢节假日，精明的工厂都会推出打折促销活动。

原因分析

"工厂"和"厂家"是一对近义词，《现代汉语词典》对它们词汇意义的解释分别是：

【工厂】直接进行工业生产活动的单位，通常包括不同的车间。

【厂家】指工厂。

这样看来，词典将两者看作是词义几乎完全相同的一组词。实际上，虽然它们的词汇意义有交叉之处，如都指直接进行工业生产活动的单位，但还是存在一些差别，主要表现在："工厂"是一个处所，突出自身作为建筑的实体属性；"厂家"是一种机构，突出自身作为组织单位的抽象属性。这样，因为实体属性和抽象属性的不同，两者在与其他成分组合时会形成一系列的不同。如：

　　数量名结构：一<u>座</u>/<u>间</u>/<u>片</u>工厂——*一<u>座</u>/<u>间</u>/<u>片</u>厂家

　　形名结构：<u>简陋</u>/<u>热闹</u>的工厂——*<u>简陋</u>/<u>热闹</u>的厂家

　　　　　　*<u>精明</u>/<u>抠门</u>的工厂——<u>精明</u>/<u>抠门</u>的厂家

　　动宾结构：<u>建造</u>/<u>修缮</u>工厂——*<u>建造</u>/<u>修缮</u>厂家

　　　　　　<u>摧毁</u>/<u>没收</u>工厂——*<u>摧毁</u>/<u>没收</u>厂家

　　方位结构：工厂<u>里</u>/<u>外边</u>有一些废弃机器——*厂家<u>里</u>/<u>外边</u>有一些废弃机器

　　有实体属性义的"工厂"可以和表形状的量词组合，可以受描写性的形容词修饰，可以做"建造、毁坏"类动词的宾语，也可以和方位词组合；而有抽象属性义的"厂家"则不具备这些组合功能，修饰它的形容词不能是描写性的，而只能是评价性的。

　　上述偏误例句将"工厂"和"厂家"的意义混同了，而没有注意到前者侧重实体意义，后者侧重抽象意义。前两句涉及方位特征和外形特征，后两句涉及机构或部门特征，方位或外形特征为实体所有，机构或部门特征表现为抽象性质。

　　产生上述偏误的原因在于：词典释义没有对近义词之间的差别做出细致的区分，对外汉语教材也没有对这组近义词进行比较，且教材一般都在生词部分用英文 factory 一词对两者进行注释。

正确表达

所以，"典型错误"中偏误句的正确表达是：

（1）那个工厂里有很多工人。

（2）这个工厂很简陋，员工食堂也没有。

（3）如果产品有问题，厂家会提供上门服务的。

（4）每逢节假日，精明的厂家都会推出打折促销活动。

60. 为什么不能说"大家不要在公共场合随便扔垃圾"？

典型错误

（1）*在大城市里，公园是人们休闲娱乐的主要场合。

（2）*大家不要在公共场合随便扔垃圾。

（3）*婚礼是一个喜庆的场所，大家要说祝福的话。

（4）*我们每个人在说话、做事的时候都要注意场所。

原因分析

"场所"和"场合"是一对近义词，《现代汉语词典》对它们词汇意义的解释分别是：

【场所】活动的处所。如公共～、娱乐～。

【场合】一定的时间、地点、情况等。如公共～。

从释义看，两者的共同之处是都可以表示处所，不同之处是"场合"还可以表示有关的时间和情况等。其实，这种释义在一定程度上反映了两者的侧重点并不相同："场所"侧重于表示空间，"场合"侧重于表示情景。正是因为两者表义的侧重点不同，它们的句法表现也存在差别：

数量名结构：一个场所——一种场合

形名结构：豪华/喧闹的场所——*豪华/喧闹的场合

　　　　　*正式/隆重的场所——正式/隆重的场合

动宾结构：设立/开放场所——*设立/开放场合

　　　　　扩建/拆除场所——*扩建/拆除场合

方位结构：公共场所可以吸烟——*公共场合可以吸烟

因为"场所"指的是处所，处所是有形而具体的空间，所以可以与个体量词组合，可以受描写性形容词修饰，可以做处置类动词的宾语，也可以和方位词组合；而"场合"指的是情景，情景是抽象的环境，所以只能与种类量词组合，只能受评价性形容词修饰，不能充当处置类动词的宾语，也不能与方位词组合。

这样，"公共场所"和"公共场合"之间就可以加以区分了：前者指人们共同聚集的特定处所，后者指人们共同聚集时的特定环境。

上述四例偏误中，"公园"是一个处所，"扔垃圾"的地方也是处所，而"婚礼"强调的是氛围和环境，要求人们说话、做事时把握分寸的也是氛围或环境。造成这种混用的主要原因在于词典或教材只对两者的词汇意义进行解释，而没有强调两者各自的侧重点。

正确表达

所以，"典型错误"中偏误句的正确表达是：

（1）在大城市里，公园是人们休闲娱乐的主要场所。

（2）大家不要在公共场所随便扔垃圾。

（3）婚礼是一个喜庆的场合，大家要说祝福的话。

（4）我们每个人在说话、做事的时候都要注意场合。

61. 为什么不能说"我们是朋友，我会保守你的奥秘的"？

典型错误

（1）＊我们是朋友，我会保守你的奥秘的。

（2）＊这是我们的商业奥秘，不方便告诉你。

（3）＊自然界还有很多秘密，等待着我们去发现。

（4）＊亲属之间在相貌、性格等方面有相似之处，这里面有遗传秘密。

原因分析

"秘密"和"奥秘"是一对近义词，《现代汉语词典》的解释是：

【秘密】秘密的事情。如保守～、军事～。

【奥秘】深奥的尚未被认识的秘密。如探索宇宙的～。

根据释义，两者的相同之处是都是指人们不知道的事情，但不同点也很明显，表现在："秘密"侧重人们已经认识但却有意不让人知道的事情，而"奥秘"虽然也是秘密，但侧重人们还没有认识的事情。这就是说，人们不知道的"秘密"具有人为性，即是因为人为的因素造成的；人们不知道的"奥秘"具有自然性，即客观事物本来就有的。这种人为性和自然性的不同造成了两者句法表现上的不同。如：

名名组合：政治 / 通讯 / 国家秘密——*政治 / 通讯 / 国家奥秘

　　　　　*行星 / 生理 / 基因秘密——行星 / 生理 / 基因奥秘

形名组合：重要 / 不可告人的秘密——*重要 / 不可告人的奥秘

动宾结构：隐藏 / 公开秘密——*隐藏 / 公开奥秘

　　　　　*探索 / 揭示秘密——探索 / 揭示奥秘

"秘密"因为是人为的，所以可以和社会领域类名词组合，可以受评价类形容词修饰，可以做处置类动词的宾语；"奥秘"的自然性决定了它只能和自然界领域类的名词组合，不能受评价类形容词修饰，只能做功用类动词的宾语。

上述四例偏误中，"保守"是处置类动词，"商业"是社会领域类名词，所以不能与自然性的"奥秘"组合，而"自然界"和"遗传"等都具有客观性，所以不能和人为性的"秘密"组合。产生这种偏误的原因除了词典释义没有进一步指出两者的表义侧重点外，也有母语负迁移的影响，因为，英语中的 secret 既指"秘密"，又指"奥秘"。

正确表达

所以，"典型错误"中偏误句的正确表达是：

（1）我们是朋友，我会保守你的秘密的。

（2）这是我们的商业秘密，不方便告诉你。

（3）自然界还有很多奥秘，等待着我们去发现。

（4）亲属之间在相貌、性格等方面有相似之处，这里面有遗传奥秘。

62. 为什么不能说"我的家乡种植了很多药品"？

典型错误

（1）* 我的家乡种植了很多药品。

（2）* 这些药品是野生的，没有受到污染。

（3）* 你上次买的药材过期了，不能吃了。

（4）* 那家工厂正在研发一种新的药材。

原因分析

"药材"和"药品"是一对近义词，《现代汉语词典》的解释是：

【药材】中药的原料或饮片。

【药品】药物和化学试剂的统称。

根据释义，两者都指药物，不同之处是，"药材"指中药的原料，"药品"指药物的总称。如果进一步对两者的词汇意义加以区分，可以发现，虽然都表示某种实体，但来源并不相同。"药材"作为药物的原料，可以自然生长而来，也可以人为种植而来；"药品"作为药物的成品，来源于人们的制造和生产。正是来源的不同造成了它们在句法表现上的一些差别。如：

数量名组合：一亩 / 满山药材——一盒 / 支药品

形名组合：野生 / 天然 / 上等药材——* 野生 / 天然 / 上等药品

　　　　　* 合格 / 过期 / 假冒伪劣药材——合格 / 过期 / 假冒伪劣药品

动宾结构：盛产 / 种植 / 培育药材——* 盛产 / 种植 / 培育药品

　　　　　采集 / 加工 / 炮制药材——* 采集 / 加工 / 炮制药品

　　　　　* 研发 / 试验 / 制造药材——研发 / 试验 / 制造药品

"药材"因为是生长或种植而来，所以可以和度量词或借用量词组合，可以受自然义特征的形容词修饰，可以做手工类动的宾语，而"药品"是因制造或生产而来，所以可以和个体量词组合，可以受质量类评价性形容词修饰，可以做机器加工类动词的宾语。

上述四例偏误中，"种植"和"野生"都是指药物的来源，指药物是自然生长或人工种植而来，所以两词不能和"药品"组合；"过期"是针对制造而来的食物而言的，"研发"要运用科学技术并经由加工生产，所以两词不能和"药材"组合。产生偏误的主要原因是词典或教材在释义时没有指出两者来源上的不同。

正确表达

所以，"典型错误"中偏误句的正确表达是：

（1）我的家乡种植了很多药材。

（2）这些药材是野生的，没有受到污染。

（3）你上次买的药品过期了，不能吃了。

（4）那家工厂正在研发一种新的药品。

63. 为什么不能说"这段时间，他的情绪很好"？

典型错误

（1）* 这段时间，他的情绪很好。

（2）* 当我表现好的时候，妈妈就会露出高兴的脸色。

（3）* 因为我经常帮助同学，所以老师对我有意见。

（4）* 只要我们采取好的手段，就能提高学习成绩。

原因分析

汉语中表示抽象意义的名词，其实也有感情色彩表达偏向之分，有些偏向表示积极意义，有些偏向表示消极意义，也有些偏向表示中性意义。例句中的抽象名词"情绪、脸色、意见、手段"在《现代汉语词典》中的解释分别是：

【情绪】①人从事某种活动时产生的兴奋心理状态；②指不愉快的情感。

【脸色】①脸的颜色；②脸上表现出来的健康情况；③脸上的表情。

【意见】①对事情的一定的看法或想法；②（对人、对事）认为不对因而不满意的想法。

【手段】①为达到某种目的而采取的具体方法；②本领；能耐；③待人处世所用的不正当方法。

从词典的释义看，这几个抽象名词的感情色彩偏向并不明显，但在实际的语料中，人们倾向于将它们当作消极义词语来使用。如：

脸色苍白 / 铁青 / 蜡黄 / 阴沉 / 难看

意见很大 / 很尖锐

情绪急躁 / 不稳定 / 冲动 / 焦虑

手段毒辣 / 恶劣 / 残忍 / 阴险

就是说，虽然这些词语有若干个义项，但在使用过程中某一个义项得到了凸显，而得到凸显的这个义项逐渐成为这个词语的主要意义。比如，"脸色"主要表示不健康或不高兴的表情，"意见"主要表示不满意的想法这个义项，"情绪"主要表示不愉快的情感这一义项，"手段"主要表示不正当的方法。

上述四例偏误中，没有注意区分抽象名词的语义偏向。"脸色、情绪、手段"等一般不能和褒义词语搭配，而"有意见"是指有不满的看法。产生这类偏误的原因是，词典或教材在谈到词语的感情色彩时只关注形容词，忽视了抽象名词也有感情色彩的表达偏向。

正确表达

所以，"典型错误"中偏误句的正确表达是：

（1）这段时间，他的心情很好 / 情绪不太好。

（2）当我表现好的时候，妈妈就会露出高兴的笑容。

（3）因为我经常帮助同学，所以老师对我很满意。

（4）只要我们采取好的方法，就能提高学习成绩。

64. 为什么不能说"他目前的生活状况不会让父母担心"?

原因分析

汉语抽象名词的词汇意义比较复杂,常常可以表示多个义项。比如例句中出现的"状况、滋味、代价、结果"等词语在《现代汉语词典》中的解释是:

【状况】情形。

【滋味】①味道;②比喻某种感受。

【代价】①获得某种东西所付出的钱;②为达到某种目的所耗费的物质或精力。

【结果】①在一定阶段事物发展所达到的最后状态;②表示在某种条件或情况下产生的某种结局。

从释义看,这些词语表达中性色彩,没有明显的语义偏向。但在实际使用中,这些词语的色彩意义就会体现出来。比如:

积极义		消极义
特别有滋味	——	真不是滋味
最小/十块钱的代价	——	沉重/惨重/巨大/生命/血的代价
经济状况良好/平稳	——	经济状况惨淡/恶化
意想不到的结果	——	令人失望的结果

可以看出,它们有时表达积极义,如"特别有滋味"指某种感觉很好,"意想不到的结果"指期望出现的情况超出了想象,但有时也表达消极义,如"不是

滋味"指不好的感受，"令人失望的结果"指情况让人非常不满意。

但是，如果相关的表示评价意义的修饰成分不出现时，这些词语更倾向于表达消极义。

上述四例偏误中，这些抽象名词的相关修饰成分都没有出现，但句子表达的是积极义，这就产生了冲突。产生偏误的原因是没有注意到抽象名词光杆出现时常常表示消极意义。

正确表达

所以，"典型错误"中偏误句的正确表达是：

（1）看到孩子们天真可爱的样子，我心里面有说不出的高兴。

（2）他一年时间就通过了 HSK5 级，期间付出了很大的努力。

（3）他目前的生活状况会让父母担心。

（4）我虽然身体不舒服，但还是去上课了。结果，老师没来。

65. 为什么不能说"由于身体理由，他提前退休了"？

典型错误

（1）* 由于身体理由，他提前退休了。

（2）* 我们有充分的因素相信，未来一定是美好的。

（3）* 外国学生学习汉语的不利原因之一是汉语有声调。

（4）* 我来中国学习的主要因素是要了解中国文化。

原因分析

汉语里"原因"类抽象名词包括"原因、理由、因素、动机、缘故、缘由、原委"等词语。它们的概念内涵不尽相同，用法各有特点。《现代汉语词典》对"原因、理由、因素、动机"的释义如下：

【原因】造成某种结果或引起另一件事情发生的条件。

【理由】事情为什么这样做或那样做的道理。

【因素】决定事物成败的原因或条件。

【动机】推动人从事某种活动的念头。

虽然从语义上看它们是一组近义的抽象名词，但在实际使用上各有差别，且呈现出一定的倾向性。

"原因"无好坏之分、无真假之分，"真实原因、真正原因"只是原因真实性的强调说法，因为人们不说"假原因"。原因可分为主要与次要、直接与间接、客观与主观、深层与表层、特殊与常见、内在与外在等。从使用频率上看，人们对区分原因的维度有非常明显的选择倾向，人们往往关注某事件的主要原因而忽略次要原因，"主要原因"的使用频率最高，因为主要原因决定了事件的性质与发展方向，主要原因有利于分析、说明和解释事件。其他搭配"重要原因、根本原因、基本原因、关键原因"都颇为高频，它们也都是人们关注的焦点。"原因"的常见搭配如下：

身体原因　健康原因　年龄原因　天气原因　政治原因　心理原因　气候原因
经济原因　事故原因　故障原因　死亡原因　误诊原因　家庭原因　作风原因
技术原因　体制原因　制度原因　生理原因　疾病原因

"理由"的常见搭配如下：

充分理由　充足理由　分手理由　好理由　理由充分　理由充足　申请理由
推荐理由　需要理由　正当理由　有理由　毫无理由　客观理由　没理由
没有理由　上述理由　说明理由　无理由　找理由　　重要理由　主要理由

"理由"与是否充分、充足相关，凸显理据性、情理性。"原因"多带有客观性，而"理由"则或多或少掺入了人们的主观想法。

"因素"的实际使用情况如下：

重要因素　关键因素　客观因素　X大因素（X为数词）主观因素
基本因素　偶然因素　复杂因素　根本因素　健康因素　直接因素　不同因素
单一因素　最大因素　特殊因素　必要因素　独立因素　成功因素　危险因素
积极因素　不利因素　决定性因素　不稳定因素　消极因素　不安全因素
不良因素　有害因素　稳定因素　不和谐因素　不安定因素

"原因"本身没有危险与安全之分，而某事件的危险方面则可称为危险因素。

"动机"的使用情况如下：

主要动机　内在动机　外在动机　重要动机　最初动机　深层动机　成就动机

行为动机　心理动机　政治动机　思想动机　学习动机　作案动机　杀人动机

不良动机　利益动机

"动机"具有驱动性特征，而"原因"不强调驱动性。

总之，像"原因、理由、因素、动机"等这类相关的高频抽象名词之间，往往只具有部分同质性，不可能具有完全同质性，它们不同的部分体现了各自的使用特点。

产生上述四例偏误的主要原因有两点：一是近义抽象名词的语义虽然有相似之处，但在实际使用中却千差万别，各有侧重，而词典释义没有做出明确区分；二是母语干扰，比如英语的"reason"一词就基本包含了上述各个词语的意思，教材中对上述词语的英文翻译也用"reason"一词笼而统之。

正确表达

所以，"典型错误"中偏误句的正确表达是：

（1）由于身体原因，他提前退休了。

（2）我们有充分的理由相信，未来一定是美好的。

（3）外国学生学习汉语的不利因素之一是汉语有声调。

（4）我来中国学习的主要目的是要了解中国文化。

第六部分　情境知识习得

66. 为什么不能说"我的前面坐着那个学生"？

典型错误

（1）* 我的前面坐着那个学生。

（2）* 在他的家里，桌子上放着电脑。

（3）* 一个钱包放哪儿了？我怎么找不到了？

（4）* 昨天，一个同学没来上课，听说他生病了。

原因分析

除光杆普通名词外，名词短语的句法形式与指称性质有一定的对应关系，比如，由指示代词"这/那"形成的"这/那＋量词＋名词"结构，其指称对象一般是确定的，由数词"一"形成的"'一'＋量词＋名词"结构的指称对象一般则是不确定的。

在信息传递过程中，言语表达者遵循由旧信息到新信息的原则，而指称性质与新旧信息的对应关系是：有定成分表示旧信息，无定成分表示新信息。汉语表达较严格地遵循信息传递原则，因此有一种较明显的倾向，即在叙述句中，主语表定指，宾语表不定指。如果主语由不定指成分充当，宾语由定指成分充当，则会因违反原则而难以成立。

上面的偏误中，前两句是名词短语充当宾语的情况。"那个学生"是定指成分，不能作为新信息；"电脑"是光杆普通名词，虽然做宾语，但也难以判断其指称性质。尤其是，这两个句子都属于汉语中的存在句，而存在句一般要求其宾语必须由无定形式充当。因此，比较可靠的办法是，当句子为存在句时，充当宾语的名词前添加"一／概数＋量"形式。

　　后两句是名词短语充当主语的情况。因为这两句的主语都是由"'一'＋量＋名"形式充当，所以不符合主语的有定性要求。对于"我"而言，丢掉的"钱包"是确定的。尽管不知道没来上课的同学的名字，但无定形式还是不能出现在主语位置上，我们可以采用其他句法手段，如添加领属定语"我的"来增强有定性，或者前加"有"字取消无定形式的主语地位。

正确表达

所以，"典型错误"中偏误句的正确表达是：

（1）我的前面坐着一个学生。

（2）在他的家里，桌子上放着一／几台电脑。

（3）那个钱包放哪儿了？我怎么找不到了？

（4）昨天，我的／有一个同学没来上课，听说他生病了。

67. 为什么不能说"我去书店把一本书买回来了"？

典型错误

（1）＊昨天，我去书店把一本书买回来了。

（2）＊我现在就把一本书还给你，你上课也要用。

（3）＊还站在那儿干什么？快把一本书捡起来！

（4）＊马上开始考试了，请大家把本书放进书包里。

原因分析

　　"把"字句是汉语的一类特殊句式，句式意义为"动作的发出者对相关对象进行有意地处置"。典型"把"字句的句法结构为"S＋把＋O＋V＋C"，即"主语

＋把＋宾语＋动词＋结果补语"，所以，句式表示的是主语对宾语进行有意地处置，动词表示处置方式，结果补语表示处置后产生的结果。

既然是处置，那就一定存在处置的对象，且这一对象对于动作发出者而言是确定的，因为如果对象都不能确定，那么处置就无从谈起，这也就是"把"字句的宾语常常必须是表示有定的原因，宾语的有定性满足了"把"字句句式意义的要求。

上述四例偏误中，前两句是陈述句，用"把"字句来说明已对相关对象进行处置，既然是已经处置，那被处置的对象就是明确而有定的，比如去书店买回来的书对动作发出者而言是明确无误的，还给别人的书也是如此，而"'一'＋量＋名"是汉语中典型的无定形式。

后两句是祈使句，虽表示未然事件，但却是未然处置，处置对象依然明确，所以也要求对象是有定成分，比如要求对方捡起来或放进书包里的"书"必然是有定的，而无论是"'一'＋量＋名"还是"量＋名"都是无定形式。

解决方式是将句中的宾语变成有定成分。办法有两条：一是将句中的"'一'＋量＋名"或"量＋名"改成"这/那＋量＋名"，因为"这、那"是指示代词，有明确的指代对象。二是将句中的"'一'＋量＋名"或"量＋名"改成光杆名词，虽然光杆名词本身的指称性质并不像指示代词或专有名词那样确定，但是在已然事件句和未然祈使句中显然是确定的。

正确表达

所以，"典型错误"中偏误句的正确表达是：

（1）昨天，我去书店把那本书买回来了。

（2）我现在就把这本书/书还给你，你上课也要用。

（3）还站在那儿干什么？快把那本书/书捡起来！

（4）马上开始考试了，请大家把书放进书包里。

68. 为什么不能说"开始上课了，请同学们拿一本书出来"？

典型错误

（1）* 开始上课了，请同学们拿一本书出来。

（2）* 开始上课了，同学们拿出来了这本书。

（3）* 开始上课了，同学们没有拿出来书。

（4）* 开始上课了，同学们把一本书拿出来了。

原因分析

汉语里有一种动补结构是由"动词＋复合趋向词"构成的，复合趋向词指"出来、出去、进来、进去、上来、上去、下来、下去"等，由这些复合趋向词做补语形成的动补结构可以带宾语，但宾语的句法位置取决于其词汇形式，而词汇形式又关系到指称性质，所以，是宾语的指称性质决定了它出现的句法位置。

"动词＋复合趋向补语"结构为其宾语提供了三个句法位置：一是动词和复合趋向补语之间，二是整个结构之后，还有一个位置就是复合趋向补语之间。宾语并不是能自由地出现在以上任一位置，还要看它的指称性质。

"动词＋复合趋向补语"结构带宾语也同样遵循信息传递原则，即宾语的位置越靠前越倾向于表示有定，越靠后越倾向于表示无定。因此，如果宾语出现在动词和复合趋向补语之间，就倾向于表有定，词汇上也就要表现为有定形式；如果宾语出现在整个结构之后，就倾向于表无定，词汇上也就要表现为无定形式；但如果出现在复合趋向补语之间，有定无定的倾向性就不明显，因而对其词汇形式也就没有特别要求。也可以这么说，如果宾语是确指事物，就尽量前置，如果是不确指事物，就尽量后置。如：

有定	无定	有定 / 无定
拿这本书出来	拿出来一本书	拿出这 / 一本书来
放这本书上去	放上去一本书	放上这 / 一本书去

　　比较特别的是光杆普通名词。由于它不像有定名词或无定名词那样有相应的词汇形式标记"这／那个"或"一个"，有定或无定的倾向性就不明显，指称属性不容易确定，因此，最适合的句法位置就是位于复合趋向补语之间。如：

　　? 拿书出来　　　　*拿出来书　　　　拿出书来

　　? 放书上去　　　　*放上去书　　　　放上书去

　　当"动词＋复合趋向补语"结构出现在"把"字句中时，其宾语的位置就要服从于句式的要求，只能出现在"把"之后。因为"把"字句表示对相关事物或对象进行处置，既然是处置，那么处置的对象就应该是事先已经确定了的，这也就是"把"字句的宾语必须是有定的这一规则的原因。另外，根据信息传递由旧到新的原则，名词越靠前越倾向于表有定，在"把"字句中，宾语名词位于整个动补结构包括"动词＋复合趋向补语"结构之前，所以越应该是有定成分。

　　正确表达

　　所以，"典型错误"中偏误句的正确表达是：

　　（1）开始上课了，请同学们拿这本书出来。

　　（2）开始上课了，同学们拿出来了一本书。

　　（3）开始上课了，同学们没有拿出书来。

　　（4）开始上课了，同学们把那本书拿出来。

69. 为什么不能说"三个学生，就应该好好学习"？

> **典型错误**
>
> （1）*我们那儿这个中国产品很多。
>
> （2）*教师正在辅导学生们做作业。
>
> （3）*三个学生，就应该好好学习。
>
> （4）*一块砖头，就是用来盖房子的。

原因分析

指称与句子表达形式有密切的关系。由名词性成分充当的主语，其指称归属取决于谓语的性质。如果是事件句，那么句子的谓语就表现出时间性、过程性等特征，这种谓语也叫事件谓语，其主语就有特定的所指对象；如果是非事件句，那么句子的谓语就没有时间性、过程性等特征，而表现为属性、状态、评价等特征，这种谓语也叫属性谓语，其主语并不是某个特定对象，而是针对一个整体或一个类别。

先看前两句。它们的谓语性质存在本质差别，前一句的谓语为评价性词语"很多"，是属性谓语，句子为非事件句；后一句的谓语中，核心动词前有时间性成分"正在"，是事件谓语，句子为事件句。不同的谓语性质对主语指称的要求也不一样。前一句中主语名词前面有限定成分"这个"，充当主语的"这个中国产品"指称的是个体，这与评价性谓语"很多"矛盾；后一句的主语为光杆名词"教师"，这是一个表示职业的名词，职业名词只有类别属性，没有个体属性，这与既能表类别又能表个体的身份名词"老师"不同，所以不符合事件谓语对主语的指称要求。

再看后两句。它们都是非事件句，谓语为属性谓语，因此要求主语的指称对象为某一类别。汉语类指主语的典型形式为光杆普通名词，此外，"'一'＋量＋名"形式有时也可以通过个体转指类别的方式来表达类指。前一句中的数词为"三"，"三个学生"表达确切的数量义，也因此失去了转指类别的功能；后一句的主语满足"'一'＋量＋名"形式的要求，但句子仍不成立，原因在于，当"'一'＋量＋名"形式转指类别时，中心名词要求是高生命度的名词，如指人或动物等有生名词，非生物名词"砖头"因为无生命而失去了转指类别的功能，非生物名词指称类别时只能是光杆形式。

正确表达

所以，"典型错误"中偏误句的正确表达是：

（1）我们那儿中国产品很多。/我们那儿这种中国产品很多。

（2）老师正在辅导学生们做作业。

（3）一个学生，就应该好好学习。

（4）砖头，就是用来盖房子的。

70. 为什么不能说"他的那个老师当得好"?

典型错误

（1）*他虽然已经上大学了，但还是孩子的脾气。

（2）*他的那个老师当得好。

（3）*他喝一杯酒喝醉了，所以还在睡觉。

（4）*我看了一晚上的那本书。

原因分析

意义上，名词是表示事物的一类词语，客观世界中的事物在语言中都由一个名词来命名，但在实际的话语中，名词性成分并不一定都有所指对象，有所指对象的名词叫有指名词，无所指对象的名词叫无指名词。名词的有指无指由具体的话语环境决定，这制约着其在语言形式上的表现。

由名词做定语形成的定中结构有加"的"和不加"的"两种形式，它们之间的差别其实很大。加"的"时是典型的领属结构"NP_1 的 NP_2"，NP_1 为领有者，NP_2 为被领有者，即为 NP_1 领有，无论是领有者还是被领有者，都有所指对象，是有指；不加"的"时是典型的修饰结构"NP_1NP_2"，NP_1 是 NP_2 的性质状态，而作为性质状态的 NP_1 只有内涵没有外延，所以是无指。比如，"孩子的脾气"就不等于"孩子脾气"，前者是指某个孩子的脾气，后者则指像孩子那样的脾气。

一般情况下，领属结构"NP_1 的 NP_2"中的领有者和被领有者都是有指成分，但有一种情况例外，就是 NP_2 为无指，这是由"他的老师当得好"这类特定的句法结构决定的。这类结构中，名词短语中心语 NP_2 并不指称实体即老师这个人，而是指称身份即老师这个角色，句子的意思是他自己当老师当得好。所以，这里的 NP_2 是无指，就不能用相关形式如"那个"进行限定了，只能是光杆形式。类似的情况如：

他的篮球打得好。——*他的这个篮球打得好。

他的校长当得称职。——*他的那个校长当得称职。

他的舞蹈跳得不错。——*他的一个舞蹈跳得不错。

因为无指名词是最不典型的名词，所以它不像典型名词那样能受数量词修饰。汉语有一类重动句式，如"他跑步跑累了""他赌博赌输了"等，可以码化为"SVOVC 了"，其中的 O 没有具体的所指，并不指称什么，只能是光杆形式。

汉语的数量词分为名量词和动量词两类，显而易见，名量词修饰限制名词，如"一支笔""一本书"等，动量词补充说明动作，如"看一次""走一小时"等。但有时动量词也能限制名词，如"看一次电影""跑一小时步"，这种组合中的名词是无指成分，不能添加任何修饰限定成分，如不能说"看了一次美国电影""走了一小时那条路"。

正确表达

所以，"典型错误"中偏误句的正确表达是：

（1）他虽然已经上大学了，但还是孩子脾气。

（2）他的老师当得好。

（3）他喝酒喝醉了，所以还在睡觉。

（4）我看了一晚上的书。

71. 为什么不能说"周末，我常常去看一部电影"？

典型错误

（1）* 他刚才出去买一本书了。

（2）* 现在开始上课，请大家拿出一本书来。

（3）* 我爸爸是一个老师，妈妈是一个医生。

（4）* 周末，我常常去看一部电影。

原因分析

数量名结构虽然表示的是事物的数量意义，但在指称上仍为不定指成分。如"一/三/几本书"表示书的数量为"一/三/几"，但是是"哪一/三/几本"却区分不出来。

下面来看上述偏误句。例（1）中，"一本书"为无定成分，符合事件句宾语的指称要求，不过，它同时也包含了数量义"一"。然而，正是这种数量意义没有满足句子的成立条件，因为虽然说话人知道"他"实施了"买书"这一事件，但不能确定买的是什么书。这样的句子中，宾语既要求是无定成分，又不能表达出数量意义，唯一的办法就是宾语由光杆普通名词充当，因为光杆普通名词不带数量义，其指称性质也需依据具体的语境而定。由此也可以看出，虽然光杆名词和"'一'＋量＋名"形式都可以表示不定指，但两者在表示不定指时的区别在于："'一'＋量＋名"形式的数量义为"一"，而光杆名词的数量义无限制。

例（2）也是事件句，是"动词＋复合趋向补语"结构带宾语的情况。当宾语位于复合趋向补语之间时，可以是有定形式，也可以是无定形式，但是，例（2）中的宾语为无定形式"一本书"，句子却仍不成立，其中的原因还是无定形式带有数量意义。我们可以设想这样一个语境：老师上课时要求学生拿书，所拿的书肯定是确有所指的，因为上什么课就拿什么书。所以，不定指形式"一本书"充当宾语不符合具体语境要求。解决偏误的办法是用定指形式"这本书"充当宾语，或者由光杆名词"书"充当宾语，因为光杆名词在这样的语境中也可以理解成定指。

例（3）是属性判断句，为非事件句。属性判断句是判定主语名词的类别归属，因此要求宾语名词能够表达类别特征，而"一个老师""一个医生"因其数量意义而表现为个体性。解决偏误的办法是用光杆名词充当判断句宾语，因为类指成分一般都由光杆名词充当。

例（4）是惯常句，也为非事件句。首先，周末常常发生"看电影"这件事情，但看几部电影并没有明确的规定；其次，周末看什么样的电影也并不需要明确；再次，说话人对周末看的电影的确定性也无要求。因此，虽然交代的是周末常常发生"看电影"这件事情，但宾语名词"电影"并没有指称什么，是一个无指成分，所以只能由光杆名词充当。

上述四例偏误的出现可能也与英语的负迁移有关。英语中，光杆普通名词不能直接进入句子，需要有一定的形态变化，如位于句末时要有数的变化，位于句首时要添加冠词。如：

He went to the bookshop to buy some books / a book just now.

My father is a teacher and my mother is a doctor.

The dogs are good friends of mankind.

The students should study hard.

如果仍用英语的表示法将这些句子翻译成汉语，则发生了如下偏误：

他刚才去书店买一些 / 一本书了。

我的爸爸是一个老师，妈妈是一个医生。

这种狗是人类的好朋友。

这类学生应该好好学习。

由上可知，汉语的光杆普通名词在指称上可以表示定指、不定指、类指、无指等成分，这些都需要根据具体的语境而定。

正确表达

所以，"典型错误"中偏误句的正确表达是：

（1）他刚才出去买书了。

（2）现在开始上课，请大家拿出（这本）书来。

（3）我爸爸是老师，妈妈是医生。

（4）周末，我常常去看电影。

72. 为什么不能说"走客人了"？

典型错误

（1）* 走客人了。

（2）* 来狼了。

（3）* 快看，雨下了。

（4）* 现在水停了，衣服只好明天再洗。

原因分析

汉语光杆名词的指称性质非常灵活，既可以表示定指，也可以表示不定指，可以表示类指，也可以表示无指，需要根据句子的情态特征或说话时的具体语境而定。就事件句（动作或事件有明确的终止点）来说，句中的光杆名词一般表示定指或不定指，且句子结构遵循"旧信息——新信息"这样的语序安排。

上面的偏误句都是事件句。例（1）中的"客人"做宾语，需要表达新信息，所以是个无定成分。按理说，光杆名词有表达无定成分的能力，但此时却不能满足句子的要求。原因在于，"走"是相对于"来"而言的，先"来"后"走"，已经来了的"客人"在具体的话语情境中是有定的，走时当然也是有定的，而有定的旧信息成分不能充当句子宾语。所以，可以添加数量词将宾语变成"'一'＋量＋名"形式即"一个客人"，因为走的是哪一个客人并不确定。

例（2）也是如此。充当宾语的名词需要表达无定信息，"狼"在人们的认知常识中是相对确定的一种动物，所以要表达无定信息时需要添加数量词。但是，为什么"来客人了"就可以说呢？这里需要补充说明一下。"客人"在具体的话语语境中可能是已经邀约过的那位／些，也可能是没有邀约过的那位／些，如果是前者，"客人"就是有定成分，不能做宾语，如果是后者，"客人"就是无定成分，可以做宾语。

例（3）中，光杆名词"雨"做主语，是有定的旧信息，但根据句子情境，"雨"应该充当新信息，因为说话前没下，而是在说话时才下的，所以要做宾语；又因为"雨"是不可数名词，所以无须也不能添加无定数量词"一＋量"。

例（4）的情况同例（3）。衣服只好明天洗是因为现在发生了新情况，而新情况就是新信息，新信息又通常由宾语位置的名词来表达。

正确表达

所以，"典型错误"中偏误句的正确表达是：

（1）走了一个客人。／客人走了。

（2）来了一群狼。／狼来了。

（3）快看，下雨了。

（4）现在停水了，衣服只好明天再洗。

第七部分　名词知识教学

73. 怎么教名词的句法成分功能?

总体上，名词除了做主语、宾语外，还可以做定语、状语和谓语；典型性上，主语、宾语是名词的典型功能，定语、状语和谓语是非典型功能；自由度上，名词做主语、宾语自由，做定语、状语和谓语要受到不同程度的限制。根据这个总体特点，名词的句法成分功能需分步骤、分阶段进行教学，大致可以分为以下四个阶段，这四个阶段既是针对不同水平学习者的教学内容，也是学习者名词句法成分功能的习得顺序。

第一阶段（初级水平）：主语、宾语（特别是由"是"做谓语时的宾语），定语（加"的"）。

第二阶段（中级水平）：状语（时间、处所、方位）。

第三阶段（中级水平）：谓语。

第四阶段（高级水平）：定语（不加"的"）、状语（手段、方式）。

一、第一阶段

1. 名词做主语、宾语

先例举出一些动词，然后针对这些动词进行提问。

（1）动作动词：吃、看、学、写

老师：＿＿＿＿＿V？（谁吃/看/学/写？）

学生：王华吃/同学看/弟弟学/老师写。

老师："王华、同学、弟弟、老师"都是名词，它们是动作的发出者，在句中做主语。

老师：他们 V_____？（他们吃／看／学／写什么？）

学生：王华吃苹果。／同学看电视。／弟弟学英语。／老师写汉字。

老师："苹果、电视、英语、汉字"都是名词，它们是动作的对象，在句中做宾语。

（2）判断动词：是

老师：这是_____？（这是什么东西／事物？）

学生：这是苹果／电视／桌子／书。

老师："苹果、电视、桌子、书"等这些是事物名词，它们在判断句中做宾语。

老师：今天是星期几？／明天什么天气？／王华是哪国人？／前面是什么？／爸爸是什么职业？

学生：今天是星期三。／明天是晴天。／王华是日本人。／前面是银行。／爸爸是大学老师。

老师："星期三、晴天、日本人、银行、大学老师"分别是表示日期、天气、籍贯、地点、职业的名词，它们也可以在判断句中做宾语。

2. 名词做定语（带"的"的领属定语）

例举出一些名词，并针对它们的归属进行提问。

老师：名词除了可以做主语、宾语外，还可以做定语修饰其他名词。"爸爸、学生、苹果、书包、作业、事情"都是名词，它们都可以被其他名词修饰。比如：

（谁）的爸爸／书包？（哪里）的学生／苹果？（什么时候）的作业／事情？

学生：王华的爸爸。／小明的书包。／三班的学生。／超市的苹果。／明天的作业。／明天的事情。

老师："王华、小明、三班、超市、明天"这些名词在上面的短语中做定语，表示中心名词的所指事物被这些定语名词的所指事物领有，即物体领有、处所领有和时间领有。要注意，当定中结构表示领有关系时，定语名词后面一般都要加"的"。

二、第二阶段

在第一阶段即"主—动—宾"句式的基础上对动词进行提问，询问动作发生的时间、地点或方位等情况。

老师：王华（什么时候）去北京／来学校／吃早饭／跟朋友见面？

学生：王华明天去北京／下午来学校／七点吃早饭／现在跟朋友见面。

老师："明天、下午、七点、现在"等是表示时间的名词，它们在句子中分别表示动作"去、来、吃、见面"发生的时间，做状语修饰动词。

老师：王华（在哪里）吃早饭／见朋友／种花／养鱼？

学生：王华在食堂吃早饭／在咖啡馆见朋友／在院子里种花／在池塘里养鱼。

老师："食堂、咖啡馆、院子里、池塘里"等是表示处所或方位的名词或名词性词语，它们在句子中表示动作发生的处所，做状语修饰动词。当处所或方位名词做状语时，一般前面要加表示处所的介词"在"，即"在_____V"。

老师：不过，当处所或方位名词做状语修饰动词时，介词"在"也可以省略，比如可以说"王华食堂吃早饭。／他们咖啡馆见面。／妈妈院子里种花。／爸爸池塘里养鱼。"也就是说，处所或方位名词和时间名词一样，可以直接做状语。即"_____V"。

老师：【总结】汉语里，表时间、地点或方位的名词也可以直接做状语。要注意的是，当它们做状语时，一定要位于动词前面，而不能像英语等语言那样位于句子的后面。所以，汉语里不能说"*王华去北京明天／*他们见面咖啡馆／*爸爸养鱼（在）池塘里"。两者的语序差别如下：

汉语：S+ 状语 +V+O

英语：S+V+O+ 状语

三、第三阶段

先复习由判断动词"是"做谓语构成的主谓宾句，即"S+ 是 +O"，然后引出省略判断动词"是"从而使宾语名词直接做谓语的情况。

老师：判断动词"是"做谓语时，宾语可以是事物名词，也可以是表示日期、天气、籍贯、地点、职业或属性的名词，构成的句子分别如下：

a. 这是苹果 / 电视 / 桌子 / 书。

b. 今天是星期三。/ 明天是晴天。/ 王华是日本人。/ 前面是银行。/ 爸爸是大学老师。

如果省略判断动词，这些句子将会变成什么？

学生：a'. 这苹果 / 电视 / 桌子 / 书。

b'. 今天星期三。/ 明天晴天。/ 王华日本人。/ 前面银行。/ 爸爸大学老师。

老师：如果没有判断动词，a'类句子不能成立，b'类句子可以成立。为什么呢？同学们先看看，这两类句子的构成成分有什么不同。

学生：如果有动词"是"的话，a'类句子中的宾语是事物名词，b'类句子中的宾语是日期、天气、籍贯、地点、职业名词。

老师：对了。这就是说，事物名词不能做谓语，而日期、天气、籍贯、地点、职业名词可以做谓语。

学生：那可以这样说吗？"星期三今天。/ 晴天明天。/ 日本人王华。/ 银行前面。/ 大学老师爸爸。"

老师：不可以。名词做谓语时，它和主语名词之间形成"成员—范畴"关系，而不能相反；另外，主谓之间又是"确定—不确定"的关系，即主语是确定的事物，谓语是不确定的事物。

四、第四阶段

1. 名词做定语

先复习名词带"的"做定语的情况，再引出名词直接做定语的情况。

老师：名词可以做定语修饰另外一个名词，比如实体、处所、时间名词等。我们可以这样说吗？

小明书包 / 学校电脑 / 明天作业

学生：不可以。这些名词做定语时需要加"的"，要说成：

小明的书包 / 学校的电脑 / 明天的作业

老师：那么，名词做定语是不是都要加"的"呢？也不是。一些表质料、功用、属性的名词做定语时就不能加"的"，如"玻璃杯子 / 交通地图 / 心理素质——*玻璃的杯子 /* 交通的地图 /* 心理的素质"。玻璃是杯子的质料,交通是地图的功用,心理是素质的属性。

学生:怎么判断名词做定语时要不要加"的"?

老师:判断的方法就是看做定语的名词与中心名词之间在意义上是否存在领有关系。如果是领有关系,就要加"的";如果不是领有关系,就不能加"的"。因此,可以把"的"看作是一个领有标记。

2.状语

先复习时间、地点、方位名词做状语的情况,再引出实体或抽象名词做状语的情况。

老师:汉语里哪些名词可以做状语呢?

学生:表示时间、地点或方位的名词可以做状语。比如:咱们明天集合。/ 咱们教室集合。/ 咱们里面集合。

老师:对了,因为这些名词表示动作发生的时间或地点,所以可以修饰动词做状语。此外,汉语中一些表示动作手段或方式的名词也能做状语。如:

用电话联系—电话联系 / 用冷水洗澡—冷水洗澡 / 用电脑打字—电脑打字

沿着直线上升—直线上升 / 按水平方向运动—水平运动 / 在原地踏步—原地踏步

学生:用不用介词都可以吗?

老师:这里的介词表示手段或方式,当由它们介引的名词也能表示动作的手段或方式时,介词可以省略,而名词直接做状语。

74. 怎么教名词的词法构成功能?

古代汉语的词以单音节为主,在逐渐过渡到现代汉语的过程中,词语出现了双音化趋势,双音节词语占绝大多数,其中名词更为典型。因此,名词的词法构成功能,可以按照如下方式进行教学。

第一,常用的单音节名词数量极少,也比较容易记忆,所以可以首先教授这些最基本最常用的单音节名词（其实这些也是学生必须学习并掌握的名词）。如"人、山、水、风、雨、饭、菜、酒、茶、门、家、手、脚、书、笔、树、草"等。

第二，了解以上名词可以用单音节形式之后，在使用其他名词给新事物命名时尽量都用双音节形式。比如，古代汉语中的单音节词语"月、桌、虎、爷"等在现代汉语中都要说成双音节形式，以"月亮、桌子、老虎、爷爷"的形式出现：

*月出来了。——月亮出来了。　　*教室里有很多桌。——教室里有很多桌子。

*虎会吃人。——老虎会吃人。　　*爷很喜欢孩子们。——爷爷很喜欢孩子们。

再比如，即使是那些常用的单音节词语，在具体使用时也经常表现出双音节的倾向，也就是说，单音节有时受到限制。如：

? 大多数北方人都喜欢吃面。——大多数北方人都喜欢吃面条。

? 公园里开满了五颜六色的花。——公园里开满了五颜六色的鲜花。

第三，注意姓、名的表达。汉语的姓和名虽然都是名词，但使用极受限制。姓有单姓和双姓（如"欧阳、端木、上官、司马、诸葛、尉迟、皇甫、司徒、公孙"等），名有单名和双名，只有双名和双姓使用自由，可以独立充当句法成分，而单姓和单名不能自由使用。如：

你知道欧阳昨天去哪儿了吗？——* 你知道王昨天去哪儿了吗？

你知道志明昨天去哪儿了吗？——* 你知道明昨天去哪儿了吗？

如果是单姓和单名，则需要通过一定的构词手段形成双音节才能进入句法，如添加词缀或类词缀。如：

你知道老 / 小王昨天去哪儿了吗？

你知道大 / 小 / 阿明昨天去哪儿了吗？

第四，除讲授名词的复合构词法外，重点讲授派生构词法，以及双音节名词加类词缀组合并形成新的三音节名词的构词方式。即"词根＋词缀""词缀＋词根""类前缀＋词根""词根＋类后缀"的形式。

75. 怎么教名词的数量表达功能?

汉语名词的数量表达有两种方式,一是前加数量词,二是后加表示复数意义的"们",可以分阶段先后进行教学。

一、先教前加数量词的情况

名词通常能受数量词修饰,但这只是就大体情况而言,因为还有少部分名词不能受数量词修饰。同时,即使是能受数量词修饰的名词,内部也并不完全相同,而是存在一定的差别。因此,可以大致按照下列顺序进行教学。

1.区分具体名词和抽象名词

名词一般可以受数量词修饰,而且初级阶段不会接触到那些无量名词(即不能受量词修饰的名词),所以可以先对名词的类别做出简单的区分,其中最直接的就是区分出是具体名词还是抽象名词。从意义上看,具体和抽象是名词最基本的一对范畴,具体名词如"杯子、剪刀、电脑、冰箱、眼睛、鼻子"等,抽象名词如"礼节、道德、观念、风气、情感、心意"等。同时区分出这对范畴也就是将数量词一分为二:确定量的数量词(如"一个、一只、一条、一本")和不确定量的数量词(如"一种、一类、一点儿、一些")。

2.具体名词中区分出个体名词和集合名词

具体名词内部也不完全同质,还可做进一步区分。有些具体名词表示的是一个个儿的个体,有些具体名词则表示若干个体的集合。比如,"书"可以一本一本计算,"笔"可以一支一支计算,而"扑克"却不能一张一张计算。因为一张扑克完不成扑克的游戏功能,需要五十四张才能进行游戏。"餐具"也不能一个或一只,因为吃饭只有碗并不行,至少还需要筷子或勺子。"书、笔"等属于个体名词,"扑克、餐具"等属于集合名词。个体名词受个体数量词修饰,集合名词受集合数量词修饰。

3.个体名词受什么样的数量词修饰

个体名词受个体数量词修饰。常见的个体量词如:

把 瓣 本 部 册 出 处 床 道 点 顶 锭 栋 朵 分 封 杆
个 根 管 户 级 家 架 间 件 节 具 句 棵 颗 口 块 粒
辆 列 轮 枚 门 面 名 爿 盘 匹 篇 片 期 曲 扇 身 首
艘 所 台 堂 条 贴 听 挺 头 尾 位 项 眼 页 员 则 盏
张 枝 支 只 帧 株 桩 幢 尊 座

至于什么样的个体名词与什么样的个体数量词搭配，这需要根据名词和量词各自的语义特征并由它们相互之间做出选择。

有时，个体名词也能以成集合的形式出现，这时就可以受集合数量词修饰。比如"书"通常是以个体"本"计算，但像四库全书这类由多本书组成的文献，这时就可以受集合量词修饰，可以说"买了一套四库全书"，而不能说"买了一本四库全书"。

4. 集合名词受什么样的数量词修饰

集合名词受集合数量词修饰。常见的集合量词如：

班 帮 笔 队 对 份 副 幅 股 伙 排 批 群 双 套 窝
系列 组

什么样的集合名词与什么样的集合数量词搭配，也需要根据名词和量词各自的语义特征并由它们相互之间做出选择。

5. 抽象名词受什么样的数量词修饰

抽象名词受不确定量的数量词修饰。不确定量的量词为"种、类、点儿、些"等少数几个，其中，与"种、类"搭配的数词不限于"一"，还可以是其他数词，而与"点儿、些"搭配的数词只能是"一"。

6. 不能受数量词修饰的名词

汉语中不能受数量词修饰的名词包括专有名词和无量名词两类。

专有名词因为具有唯一性特征而无法用数量词进行定量，如"中国、长城、泰山、鲁迅"等。

无量名词因为其构词成分本身就显示出了数量意义，如"长度、厚度、强度"中的"度"、"产量、食量、重量"中的"量"、"四季、五官、双方"中的"数"、"全文、总和、大众"中的"全量"，等等，所以不能再被量化。

二、再教后加复数标记义"们"的情况

"们"虽然表示复数意义，但并不是所有的可数名词后都能加"们"。所以，我们不能把"们"看作是汉语的复数标记。

76. 怎么教名词的空间表达功能?

空间是三维立体的，而实体由名词表达，所以，名词具有空间性。名词空间表达的语法手段有"在＋名词＋方位词""名词＋方位词"和"在＋名词"这三种形式，至于具体使用哪种手段表达空间，则需要依据名词各自的特征而定。

一、名词是否都具有空间性?

虽然空间性是名词的一个重要特征，但并不是任何名词都具有空间性，只有具体名词才具有空间性，而抽象名词不具有空间性，所以首先要区分出具体名词和抽象名词。

具体名词：桌子　电脑　钢笔　食堂　街道　附近　里面

抽象名词：思想　意识　观念　办法　理论　感情　精神

当为具体名词时，我们可以运用以上三种语法手段来表达其空间义，而抽象名词一般不可以，通常所说的"思想上、意识里、观念中"等中的"上、里、中"并不指具体的方位义，而是一种隐喻用法。

这样，就可以先排除抽象名词，即名词的空间性是专就具体名词而言的。

二、具体名词是否都可以自由运用以上三种空间表达手段?

具体名词具有空间义，但并不是都能自由运用以上三种语法手段来表达，内部存在一定差别。因此，可以在具体名词中区分出普通名词和处所名词、方位名词三个类别来。

普通名词：桌子　电脑　钢笔　汽车　房屋　大树　城墙

处所名词：中国　街道　医院　饭店　附近　周围　远处

方位名词：上　下　前　后　东　西　前边　上面　里头

方位词本身就表示某个空间方位，所以可以单独用来表示空间义，如"前面是邮局"。当然也能借助空间表达手段，但仅限于"在＋名词"这一种，如"邮局在前面"。

注意：方位词的上述空间表达方式不含单音节方位词，因为汉语的双音化趋势使得单音节词语的使用不自由。另外，能单独或以"在＋名词"表达空间的双音节方位词为"～边、～面、～头"三类，如"后边/面/头有很多树"；"以～、之～"不可以。

三、普通名词和处所名词如何表达空间义？

先看处所名词的情况。处所名词可以分为以下三个小类：

a. 地名。如：中国、上海、黄浦区、井冈山、北京大学

b. 表示机关单位的名词。如：学校、医院、规划局、派出所

c. 专门表处所的名词。如：周围、附近、远处、当地

处所名词因为是表示特定的处所，所以可以单独表达空间义，如"上海/学校/周围有很多人"，也可以用"在＋名词"表示。但不同的处所名词所采用的空间表达手段也有不同。地名或专门表处所的名词因为空间性特别强，所以在表空间时方位词不能出现；机关单位的处所名词表空间时，方位词可以隐现。

普通名词本身不具有空间性，所以当普通名词要表示空间意义时，必须依赖方位词，进入"名词＋方位词"或者"在＋名词＋方位词"这样的结构框架。

因此，要注意普通名词和处所名词在表示空间意义时对方位词的依赖程度不一样：普通名词严重依赖方位词，地名或专名绝对排斥方位词，而机关单位的处所名词则是两可。如：

普通名词：*在桌子/在桌子<u>上</u>　*在钢琴/在钢琴<u>旁边</u>

地名或专名：在中国/*在中国<u>里</u>　在周围/*在周围<u>中</u>

机关单位名词：在学校/在学校<u>里</u>　在医院/在医院<u>里面</u>

77. 怎么教名词的事件表达功能？

名词的主要特征是空间性，空间的三维性和名词的实体性相吻合，但空间与时间并非完全割裂，而是呈现为一个连续统，所以，时间性在名词中也有体现，也就是说，名词也能表达时间 / 事件功能。那么，哪些名词具有事件表达功能？它们是如何表达事件功能的？与其他名词又有什么不同？这些问题是名词事件表达功能的教学内容，这些问题提出的顺序也是教学顺序。

一、区分事物名词和事件名词

名词可以表示事物，事物是相对静止的，没有起点和终点；名词也可以表示事件，事件是动态的，有实际的终起点。所以，我们首先可以根据是否有起点和终点，将名词分为事物名词和事件名词。

比如"雨水"和"暴雨"。虽然都是对自然现象"雨"的指称，但前者表示"由降雨而来的水"，侧重实体，指明其是一种物质，后者表示"大而急的雨"，侧重时间，指明其是一个过程，有起点也有终点，因此，"雨水"是事物名词，而"暴雨"是事件名词。

再看"饭食"和"早饭"。两者都是指人们吃的食物，但表意也有不同，前者指"饭和菜"，后者指"早上吃的饭"，很明显，前者只表物质，后者除表物质外，还带有时间成分"早上"，所以，"早饭"表示的是在一个时间点开始并在另一个时间点结束的一个事件过程，属于事件名词，而"饭食"则无时间的终起点，属于事物名词。

又比如"假日"和"病假"。前者表示"放假或休假的日子"，后者表示"因病请的假"，虽然在指称事物的同时都带有时间意义，但"病假"的时间性更强，终起点更明显，是事件名词，"假日"的时间性较弱，终起点不那么明显，是事物名词。

因此，可以以有无终起点为依据区分事物名词和事件名词。

二、框定事件名词的句法特征

确立了事件名词的属性和类别后，再来教事件名词的句法表现。句法格式为：

（1）一＋动量词+N；一＋时量词＋的＋N

（2）（在）＋会议 / 球赛 / 暴雨 / 大餐＋前（之前、以前）/ 后（之后、以后）/ 中（之中、时、期间）

（3）N+ 正在＋虚义动词（事件名词充当主语时）；主语＋虚义动词+N（事件名词充当宾语时）

可以根据如下句法特征区分事物名词、事件名词与动名词三者（见表77-1）：

表 77-1　三类名词的句法特征差异

名词	受名量词修饰	受动 / 时量词修饰	添加体标记
事物名词（如苹果）	+	−	−
事件名词（如战争）	−	+	−
动名词（如战斗）	−	+	+

注："+"表示具有改特征，"−"表示不具有该特征。

78. 怎么教同义名词的搭配功能?

名词指称事物，自然界或社会生活中每出现一个新的事物或现象，语言中就需要一个相应的名词来指称，所以，一般而言，各种语言中名词的数量都是最多的。因此，在同义词或近义词中，名词的数量占多数。汉语尤其如此。

就名词来说，第二语言教学过程中，初级阶段出现同义名词的情况较少，但到中、高级阶段，出于思维精细化表达的需要和学习者语言水平提高的需要，同义名词出现的频率越来越高，如何区分同义名词在教学中就显得越来越重要。

区分同义名词，一种方法是从词汇意义出发，即根据相关词典的释义，对同义名词的词汇意义进行细致的区分。如"思路"和"思绪"、"奥秘"和"秘密"等，但这种方法的效果不是很显著，学习者的偏误率还是很高，比如"＊自然界的秘密、＊公司奥秘"等。原因是词汇意义的区分没有考虑到词语的搭配使用。

区分同义名词的另一种方法是从语法意义出发发现同义名词与相关成分在搭配使用上的差别。这需要充分考虑名词在更多方面的语义内涵。比如，任何一个物体都有其构成角色，包括材料、重量、部分和组成成分等；任何一个物体又都有其形式角色，包括方位、大小、形状、维度和颜色等。根据不同名词的具体情况，可以将名词的语义角色概括如下（见表78-1）：

表78-1   名词的语义知识

角色	特征
形式角色	名词所指事物的形式特征，包括方位、大小、形状、维度和颜色等
构成角色	名词所指事物构成成分，包括材料、重量、部分和组成成分等
单位角色	名词所指事物的计量单位，包括度量词、名量词、动量词、时量词等
评价角色	名词所指事物的主观评价、情感色彩信息（多为形容词）
施成角色	名词所指事物的来源和形成途径（多为动词）
功用角色	名词所指事物的用途（多为动词）
行为角色	名词所指事物的行为动作（多为动词）
处置角色	施加于名词所指事物的行为动作（多为动词）
定位角色	以名词所指事物为坐标确定的方向和位置（多为介词和方位词）

根据名词的这些语义角色，可以对同义名词之间的语义差别做出一定程度上的区分。

1. 形式角色的不同反映同义名词具有不同的突显意义。

比如"工厂"和"厂家"，《现代汉语词典》对"工厂"的释义为："直接进行工业生产活动的单位，通常包括不同的车间"，对"厂家"的释义为："指工厂"。可见，"工厂"和"厂家"的义域范围有交叉，它们在物性角色上有共同之处；但同时，"工厂"的语义类是一种处所，突出自身作为建筑的实体属性，而"厂家"的语义类是一种机构，突出自身作为组织单位的抽象属性，这导致了它们在物性角色上又存在诸多差别，因而形成了不同的搭配组合。如：

一座 / 家工厂——一 * 座 / 家厂家

简陋的 /* 抠门的工厂——* 简陋的 / 抠门的厂家

摧毁 /* 投诉工厂——* 摧毁 / 投诉厂家

工厂 /* 厂家里有不少废弃的机器。

2. 构成角色的不同反映同义名词不同的属性特征。

例如"钱"和"钞票"，"钞票"的材料角色是"纸"，但"钱"的材料角色可以包括"铜、金、银"等合金材料。因此，两者会形成不同的组合：

一张钞票　一叠一叠钞票　天空中飞扬着钞票

一块铜钱　一串一串铜钱　地上掉满了铜钱

3. 单位角色的不同反映同义名词所指对象和事物在构造、形状等方面的差异。

比如"边疆"和"边界"，"边界"可以受量词"段、条"修饰，是因为"边界"具有线性的特征，但"边疆"具有面的特征，所以不能受"段、条"修饰。如：

辽阔的边疆　守卫祖国的边疆　边疆的人们过着幸福的生活

一条边界　长长的边界　犯罪分子差一点儿就跨过了边界

4. 评价角色的不同反映同义名词的不同感情色彩和性质。

例如"人民"和"人们"，前者为褒义色彩，后者为中性色彩，所以用来评价"人们"的"违法、险恶、不安好心、粗鲁、贪婪、不忠诚"等角色不能用来描述"人民"，否则就会出现感情色彩的不协调。

5. 施成角色的不同反映同义名词所指对象和事物的不同来源或途径。

例如"工厂"和"厂家"，因为"工厂"是一个物质实体，所以它的施成角色包括"建造、投资、兴建、盖"等，而这些角色都不能适用于表机构义的"厂家"。

6. 行为角色的不同反映同义名词所指对象和事物在发展、变化方面的差异。

例如"思路"和"思绪"，虽然它们的意义几乎没有什么差别，但因为"思绪"强调人思考的头绪，是一种动态的过程，所以行为角色包括"停留、流动、飞向、集中、越过、驰骋、进入、回荡、纷至沓来、萦绕、遨游"等，而"思路"强调思考的条理脉络，是一种静态的状态，所以就没有这些行为角色。如：

思绪停留在那一刻　思绪飞向了遥远的未来

思路清楚　写作思路

7.处置角色的不同反映同义名词所指对象和事物在跟人的关系方面的差异。

例如"奥秘"和"秘密",因为"秘密"具有人为性,所以其处置角色包括"保守、出售、侵犯、出卖、严守、保护"等,而"奥秘"倾向于描述自然界事物,所以没有这些处置角色。另外,"奥秘"和"秘密"的处置角色的不同其实是因为它们的构成角色不同,所以两者在搭配上有差别,如:

宇宙　恒星　太阳　自然现象　生理　微生物　遗传——奥秘

经济　军事　外交　政治　商业　核　国家　通信——秘密

8.定位角色的不同反映人或其他事物跟名词所指对象的不同位置和方向上的关系。

例如"雨"和"雨水","雨"的定位角色包括"里、前、后"等,"里"反映"雨"的空间方位特征,这是"雨水"也具有的,而"前、后"反映"雨"的时间方位特征,这是"雨水"所不具备的,所以有下面不同的句法表现:

他站在雨里。——稻子浸泡在雨水里。

雨后的天空划过一道彩虹。——* 雨水后的天空划过一道彩虹。

79.　怎么教名词的指称表达功能?

名词的指称表达是指名词在何种情况下以何种形式来表达何种功能。指称问题是一个语用层面的问题,牵涉到词汇形式、使用场景以及说话人的预期等多个方面,具有不确定性和复杂性。尽管如此,我们仍可以按照一定的步骤进行教学。

一、区分名词的不同词汇表现形式

名词的指称首先跟词汇形式有关,所以,首先区分出名词的不同词汇表现形式。根据词汇形式与指称性质的相关性,可以将名词性成分分为如下几种形式:

人称代词：我　你　他　我们　你们　他们

专有名词：长城　太阳　上海　北大　鲁迅

"'这/那'＋量＋名"：这个孩子　这本小说　那位先生　那座房子

光杆普通名词：孩子　小说　先生　房子　衣服

"'一'＋量＋名"：一个孩子　一本小说　一位先生　一座房子

二、区分事件句和非事件句

名词的指称又跟具体话语场景有关，即说话人是在什么样的语境下指称相关对象的。这种话语场景主要指是否具有事件性，事件性场景用事件句来表达，非事件性场景用非事件句来表达。

事件句是叙述一个完整的、独立的事件的句子，有实际的终止点，或者说是以对事件的陈述为手段进行交际的动词谓语句。如：

客人来了。

我吃过日本料理。

学校正在给学生们普及防火知识。

苹果我昨天吃完了。

非事件句不与具体的时间相关联，无所谓终止点。包括属性句、惯常句等。如：

水是一切生命之源。（属性句）

教师是人类灵魂的工程师。（属性句）

猫吃老鼠。（惯常句）

他每天的工作就是接接电话，发发报纸。（惯常句）

三、区分定指和不定指的词汇和句法表现

指称范畴中最基本也是最重要的一对指称就是定指和不定指。说话人在使用某个名词性成分时，如果预料听话人能够将所指对象与语境中某个特定的事物等同起来，与语境中其他的事物区别开来，就是定指成分；如果预料听话人不能够将所指对象与语境中某个特定的事物等同起来，就是不定指成分。

定指成分词汇表现的典型形式有三类：人称代词、专有名词、"'这/那'＋

量＋名"。这三类形式不仅词汇本身就为定指，而且在具体的语境中也是定指的表现手段。不定指成分词汇表现的典型形式为"'一'＋量＋名"，即在某个具体语境中的名词性成分为不定指，则需用"'一'＋量＋名"来表达。如：

我<u>这辆自行车</u>才买了两个月，就坏了。（定指）

我回到家时，看到家门口停了<u>一辆自行车</u>。（不定指）

句法表现上，就事件句而言，由于句子是按照由旧信息到新信息的语序安排的，所以，定指成分一般做主语，不定指成分一般做宾语。如：

<u>那本书</u>不知放哪儿去了。 <u>这个人</u>昨天来过。 ——主语

我昨天买了<u>一本书</u>。 我去找<u>个人</u>。 ——宾语

四、区分光杆普通名词使用的制约条件

光杆普通名词不像人称代词和专有名词那样具有唯一性，也不像"'这／那'＋量＋名"和"'一'＋量＋名"那样具有定指或不定指的外在词汇标记，所以其指称性质最为多样，也最为复杂，需要依靠具体语境来确立其使用条件。

光杆普通名词的指称类别与句子性质的关联大致是这样的：事件句中，光杆名词位于句首时为定指，位于句末时为不定指。如：

<u>客人</u>来了。（定指）

<u>老师</u>正在给学生们辅导作业。（定指）

来了<u>客人</u>。（不定指）

他想娶<u>北京姑娘</u>。（不定指）

非事件句中，光杆名词位于句首时为类指，位于句末时为无指。如：

<u>熊猫</u>吃竹子。（类指）

<u>鱼</u>在水里游，<u>狗</u>在陆地上跑。（类指）

他经常请<u>朋友</u>吃饭。（无指）

我很喜欢打<u>篮球</u>。（无指）

所以，在事件句中，可以用光杆普通名词在句首来表达确定的对象，在句尾表达不确定的对象；非事件句中，可以用光杆普通名词在句首来表达类指的对象，在句尾表达无指的对象。

80. 怎么安排名词知识的教学顺序？

　　语言现象其实包括语言世界、物质世界和心理世界这三个并行的世界，那么，语言知识也并非仅限于语言本身，它除了是语言世界自身的反映外，还是客观物质世界和主观心理世界的反映，所以，广义上的语言知识包括语言知识、百科知识和情境知识这三个类别。

　　语言知识是指由语言单位和语言规则构成的知识。在语言世界里，语言有其自身的结构规则，且语音、词汇、语法等各层面都是如此。百科知识是指包括经验常识、经验范畴、认知模型、科学观念等在内的相关知识。情境知识是指人们在使用语言进行交际时除了要反映客观事实外，还要传递信息思想，表达主观认识，而信息思想的传递和情感认识的表达需要在具体的情境中才能得以实现。

　　就名词而言，我们已将名词知识分为七个方面：句法成分功能、词法构成功能、数量表达功能、空间表达功能、事件表达功能、词语搭配功能和指称表达功能，各方面包括众多具体的语言现象，同时又归属不同的知识类型。具体如下表80-1所示：

表 80-1　名词知识框架

知识类型	知识内容	具体现象示例
语言知识（组词成句的规律）	句法成分功能	名词的基本语法特征是什么？
		名词还可以充当什么句法成分？
		名词包括哪些下位小类？
	词法构成功能	名词的音节特征是什么？
		名词的词法特征是什么？
	数量表达功能	名词都可以受数量词修饰吗？
		名词有单、复数之分吗？
		名词有量性意义吗？

（续表）

知识类型	知识内容	具体现象示例
百科知识 （事物构造的 原理）	空间表达功能	名词都有空间性特征吗？
		什么是方位名词？
		什么是处所名词？
	事件表达功能	事件名词包括哪些小类？
		事件名词的句法特征是什么？
	词语搭配功能	什么是非自由名词？
		什么是有价名词？
		"工厂"和"厂家"有什么不同？
情境知识 （表情达意的 方式）	指称表达功能	定指、不定指成分各有什么样的词法和句法表现？
		无指成分有什么样的句法表现？
		类指成分的句法语义属性是什么？
		光杆普通名词的指称性质如何确定？

　　这个表格也基本上反映了名词知识的教学顺序：语言知识是名词最基本的知识，是名词在进入句法结构中的具体体现或者是需要遵守的基本规则，反映了名词在语言世界中的面貌、作用和地位，也是最易习得的知识部分，所以可以安排在初级阶段进行教学；百科知识是在掌握名词基本知识的基础上根据经验、认知等进行推理加工的知识，可以看作是名词基本规则之外的扩展规则，安排在中级阶段进行教学；情境知识则是名词在特定语境中进行传情达意所表现出来的知识，具有一定的交际动因，所以宜在高级阶段进行教学。

　　名词知识的教学可以按照如下顺序进行安排（见表80-2）：

表80-2　名词知识类型及其教学顺序

世界样板	相关原理	知识类型	教学顺序
语言世界	组词成句的规律	语言知识	初级阶段
物理世界	事物存在的规律	百科知识	中级阶段
心理世界	表情达意的方式	情境知识	高级阶段

参 考 文 献

安华林（2005）从两种词表看名、动、形兼类的处理，《语言教学与研究》第 4 期。

布龙菲尔德（1997）《语言论》，北京：商务印书馆。

蔡淑美、施春宏（2014）基于汉语中介语语料库的二价名词习得研究，《语言文字应用》
　　第 2 期。

陈保亚（2015）从百科知识到语言知识——认知的语言关联及其相对性，《贵州民族大学学报
　　（哲学社会科学版）》第 2 期。

陈满华（2008）《体词谓语句研究》，北京：中国文联出版社。

陈平（1987）释汉语中与名词性成分相关的四组概念，《中国语文》第 2 期。

储泽祥（1997a）现代汉语的命名性处所词，《中国语文》第 5 期。

储泽祥（1997b）名词的空间义及其对句法功能的影响，《语言研究》第 2 期。

储泽祥（2006）汉语处所词的词类地位及其类型学意义，《中国语文》第 3 期。

崔希亮（2008）《汉语作为第二语言的认知与习得研究》，北京：北京语言大学出版社。

崔希亮（2010）《欧美学生汉语学习和认知研究》，北京：北京大学出版社。

邓思颖（2012）再说"年、月、日"，《语言教学与研究》第 2 期。

方清明（2021）《现代汉语抽象名词研究》，北京：商务印书馆。

方绪军（2000）《现代汉语实词》，上海：华东师范大学出版社。

郭锐（2002）《现代汉语词类研究》，北京：商务印书馆。

韩蕾（2016）汉语事件名词的界定与系统构建，《华东师范大学学报（哲学社会科学版）》第 5 期。

胡明扬（1996）《词类问题考察》，北京：北京语言文化大学出版社。

赖蔚（2018）留学生汉语体动词习得情况考察，上海师范大学硕士学位论文。

李大忠（1996）《外国人学汉语语法偏误分析》，北京：北京语言大学出版社。

李劲荣（2010）内涵、外延与汉语修饰成分的标记隐现，《对外汉语研究》第 6 辑。

李劲荣（2013）汉语里的另一种类指成分——兼论汉语类指成分的语用功能，《中国语文》
　　第 3 期。

李劲荣（2016）"无定居末"与"无定居首"——汉语中两种表存在的句式，《世界汉语教学》
　　第 1 期。

李劲荣（2022）虚指宾语"他"的实现机制，《汉语学报》第 1 期。

李强、袁毓林（2014）基于物性角色的同义名词辨析方法探讨，《世界汉语教学》第 4 期。

李先银（2012）容器隐喻与"有＋抽象名词"的量性特征——兼论"有＋抽象名词"的属性化，《语言教学与研究》第5期。

李旭平（2021）汉语"们"的语义：最大化算子，《当代语言学》第1期。

刘春梅（2007）留学生单双音同义名词偏误统计分析，《语言教学与研究》第3期。

刘丹青（2002）汉语类指成分的语义属性和句法属性，《中国语文》第5期。

刘丹青（2008a）汉语名词性短语的句法类型特征，《中国语文》第1期。

刘丹青（2008b）《语法调查研究手册》，上海：上海教育出版社。

卢福波（2010）《汉语语法教学理论与方法》，北京：北京大学出版社。

卢福波（2011）《对外汉语教学实用语法》，北京：北京语言大学出版社。

陆丙甫（1988）定语的外延性、内涵性和称谓性及其顺序，《语法研究和探索》（四），北京：北京大学出版社。

陆丙甫（2003）"的"的基本功能和派生功能——从描写性到区别性再到指称性，《世界汉语教学》第1期。

陆丙甫、屈正林（2005）时间表达的语法差异及其认知解释——从"年、月、日"的同类性谈起，《世界汉语教学》第2期。

陆俭明（1987）说"年、月、日"，《世界汉语教学》创刊号。

庞家光（2013）构式视角下的汉语名词谓语，《解放军外国语学院学报》第6期。

彭睿（1996）非量化名词考察，载胡明扬主编《词类问题考察》，北京：北京语言文化大学出版社。

齐沪扬（1998）《现代汉语空间问题研究》，上海：学林出版社。

齐沪扬主编（2010）《现代汉语》，北京：商务印书馆。

沈家煊（2001）语言的"主观性"和"主观化"，《外语教学与研究》第4期。

沈家煊（2008）三个世界，《外语教学与研究》第6期。

沈家煊（2016）《名词和动词》，北京：商务印书馆。

施春宏（2002）试析名词的语义结构，《世界汉语教学》第4期。

施春宏等（2017）《汉语构式的二语习得研究》，北京：商务印书馆。

宋作艳（2015）《生成词库理论与汉语事件强迫现象研究》，北京：北京大学出版社。

孙德金等（2012）《欧美学生汉语语法习得与认知专题研究》，北京：北京大学出版社。

王冬梅（2010）《现代汉语动名互转的认知研究》，北京：中国社会科学出版社。

王红旗（2016）体词谓语句的范围和语法形式，《汉语学习》第2期。

王惠（2004）《现代汉语名词词义组合分析》，北京：北京大学出版社。

王惠、朱学锋（2000）现代汉语名词的子类划分及定量研究，载陆俭明主编《面临新世纪挑战的现代汉语语法研究》，济南：山东教育出版社。

王珏（2001）《现代汉语名词研究》，上海：华东师范大学出版社。

王琳（2018）留学生汉语时间方位词习得情况考察，上海师范大学硕士学位论文。

王远杰（2008）再探多项定语"的"的隐现，《中国语文》第3期。

温锁林（2018）汉语中的非量化名词，《广西师范大学学报（哲学社会科学版）》第 3 期。

文炼（1994）论名词修饰动词，《上海师范大学学报》第 3 期。

吴勇毅、吴中伟、李劲荣主编（2016）《实用汉语教学语法》，北京：北京大学出版社。

吴元慧（2018）留学生汉语事件形容词习得情况考察，上海师范大学硕士学位论文。

肖奚强等（2008）《汉语中介语语法问题研究》，北京：商务印书馆。

项开喜（2001）体词谓语句的功能透视，《汉语学习》第 2 期。

于洋（2015）CSL 学习者同素同义单双音名词混淆分布特征及其成因，《语言教学与研究》第
　　6 期。

袁毓林（1992）现代汉语名词的配价研究，《中国社会科学》第 3 期。

袁毓林（1994）一价名词的认知研究，《中国语文》第 4 期。

袁毓林（2014）汉语名词物性结构的描写体系和运用案例，《当代语言学》第 1 期。

张斌主编（2010）《现代汉语描写语法》，北京：商务印书馆。

张伯江（1997）汉语名词怎样表现无指成分，载中国语文编辑部编《庆祝中国社会科学院语
　　言研究所建所 45 周年学术论文集》，北京：商务印书馆。

张伯江、方梅（1996）《汉语功能语法研究》，南昌：江西教育出版社。

张岚（2012），母语为英语者对中文光杆名词的习得分析，《世界汉语教学》第 2 期。

张谊生（1996）名词的语义基础及功能转化与副词修饰名词，《语言教学与研究》第 4 期。

周小兵（1995）谈汉语时间词，《语言教学与研究》第 3 期。

周小兵、朱其智、邓小宁等（2007）《外国人学汉语语法偏误研究》，北京：北京语言大学出
　　版社。

朱德熙（1982）《语法讲义》，北京：商务印书馆。

Chomsky, N. 2002. Syntactic Structures［M］. Walter de Gruyter.

Langacker, R. W. 1987. Foundations of Cognitive Grammar［M］. Standford University Press，
　　Standford.

Pustejovsky, J. 1991.The generative lexicon. Computational Linguistics, 17. 4.

后　记

　　2017年冬月，国家社科基金重大招标项目"对外汉语教学语法大纲研制和教学参考语法书系（多卷本）"成功立项，首席专家齐沪扬教授嘱我参与教学参考语法书系的编写工作，我欣然接受，一来能成为国家社科基金重大项目课题组成员本身就是一份荣誉，二来可以借此为国际中文教育事业贡献一点力量，也为自己从事了近二十年的工作留下一丝印迹。非常感谢齐老师给我这个难得的机会！

　　齐老师是宽容的，允许书系组成员以语法项目为单位自由选择编写任务。我刚开始考虑的是实词，包括名词、动词和形容词，并把大致的想法向齐老师做了汇报，齐老师指出我所选择的题目太大，内容太多，既与"语法项目为纲"的整体框架相抵牾，也不符合书系编写要努力为教学服务这一宗旨，并建议我集中考虑一类词。我接受了齐老师的建议，思来想去后，决定写名词，因为根据对已有研究成果的梳理发现，名词知识并未被汉语二语教学所重视，但这并不代表名词习得就不存在问题。因此，尽管存在一定的挑战性，若能编写出名词教学参考用书，也算是可以补上学界暂时留存的空缺。

　　编写进程是有序的，包括本书在内的整个书系编写工作都按照计划有序进行。从思路设想、目录拟定、内容编写到最终成稿，每一步都要提交到编写组进行讨论，一些内容还要提交到书系编写会议或相关学术会议上进行报告，这样的讨论和报告不下十次，专家学者们的宝贵意见让我发现了编写过程中存在的诸多不足。评审专家在结构的层次性、表达的准确性以及观点的科学性方面提出了不少建设性意见，出版社编辑们不厌其烦地认真校对书稿内容和文字错误，这让我在修改过程中产生了一些新的认识。本书的编写和修订工作也因此得以较为顺利地进行。谨一并致谢！

　　书中内容是学界的。本书在撰写过程中尽量吸纳学界已有关于汉语名词的研究成果，特别是在理论知识这一模块。可以说，如果不是参考、借鉴或直接采纳学界已有成果，本书的撰写工作至少到目前为止是完不成的，质量上也会打不少折扣。由于版式要求，成果出处未能在行文中逐一注明，所以统一列在参考文献中，在此，谨向各位作者表示由衷的感谢！同时，由于自己的工作疏忽，有些文献很遗憾没能参考到，或者由于考虑到二语教学的实际和需要，有些文献只能忍痛割爱，也借此向参考文献中未能列出的相关作者表示真诚的歉意！

　　本书主体包括三大模块：第 1～25 节为理论知识模块，即"是什么"；第26～72 节为习得偏误模块，即"为什么"；第 73～80 节为教学方法模块，即"怎么样"。理论知识模块是根据学界已有成果介绍名词相关知识；习得偏误模块是通过语料检索搜集二语者习得汉语名词时所产生的偏误现象，并对偏误原因做出相应的分析；教学方法模块只是个人对名词知识如何教学的一点体会，所以实在谈不上"方法"。后两个部分的内容不免浅陋，敬请方家和一线教师多包容，多批评，多指正！

2022 年 6 月 20 日